Um cristianismo
sinodal em construção

CB018138

Mario de França Miranda

Um cristianismo
sinodal em construção

A fé cristã na atual sociedade

Paulinas

Dados Internacionais de Catalogação na Publicação (CIP)
Angélica Ilacqua CRB-8/7057

Miranda, Mario de França
Um cristianismo sinodal em construção : a fé cristã na atual sociedade/
Mario de França Miranda. – São Paulo : Paulinas, 2022.
120 p. (Coleção Recepção)

ISBN 978-65-5808-187-6

1. Cristianismo e sociedade 2. Igreja católica 3. Missão da Igreja
I. Título II. Série

22-6115   CDD 230

Índice para catálogo sistemático:
1. Cristianismo

1ª edição – 2022

Direção-geral: *Ágda França*
Editores responsáveis: *Vera Ivanise Bombonatto*
João Décio Passos
Copidesque: *Mônica Elaine G. S. da Costa*
Coordenação de revisão: *Marina Mendonça*
Revisão: *Sandra Sinzato*
Gerente de produção: *Felício Calegaro Neto*
Capa e projeto gráfico: *Tiago Filu*
Imagem de capa: *@ stoyanh/depositphotos.com*

Paulinas
Rua Dona Inácia Uchoa, 62
04110-020 – São Paulo – SP (Brasil)
Tel.: (11) 2125-3500
http://www.paulinas.com.br – editora@paulinas.com.br
Telemarketing e SAC: 0800-7010081
© Pia Sociedade Filhas de São Paulo – São Paulo, 2022

SUMÁRIO

INTRODUÇÃO

O livro que o leitor tem em mãos nada possui de futurologia, mas apenas pretende apontar algumas características que darão nova fisionomia ao cristianismo nos anos vindouros. Como toda realidade inserida no interior da história, também o cristianismo inevitavelmente apresenta transformações, como, aliás, nos comprova seu passado. Essas últimas não ameaçam sua *identidade*, que tem origem em Deus e foi revelada na pessoa de Jesus Cristo, mas dizem respeito às *configurações plurais* que podem apresentar essa mesma identidade no curso dos séculos. Sabemos que a comunidade de fiéis se define pela fé em Deus Pai, revelado por seu Filho Jesus e acolhido por força do Espírito Santo, por professar essa fé salvífica nos credos, por celebrá-la nos sacramentos e por esperar a felicidade plena como desenlace de uma vida marcada pela caridade fraterna.

Entretanto, essas verdades essenciais, constitutivas da fé cristã, serão expressas, confessadas e vividas por homens e mulheres habitando contextos vitais e socioculturais próprios, distintos conforme as regiões ou épocas em questão. Só assim tais verdades poderão ser entendidas e acolhidas pela humanidade ao longo de sua história. Esta afirmação é decisiva, pois a *finalidade do cristianismo* é levar adiante a missão de Jesus Cristo, a saber, proclamar e realizar o Reino de Deus, meta que deve ser acessível e pode ser vivida por todas as gerações. Consequentemente, já podemos esperar que o cristianismo, enquanto realidade social e histórica, bem como expressão visível e institucional da iniciativa salvífica de Deus (Povo de Deus), possa experimentar transformações no curso dos anos, transformando-se para prosseguir em sua missão ao longo da história.

Existe, contudo, outra razão para essa evolução do cristianismo, pois o ser humano sempre conhece a realidade por meio de um *horizonte próprio de compreensão*, ou simplesmente de uma chave de leitura. Daí se explica tanto a diversidade plural das ciências quanto a evolução que experimentam em si mesmas ao longo do tempo. A adesão à fé cristã não constitui exceção a essa regra. Também ela sempre se debruça sobre as verdades reveladas a partir de uma perspectiva determinada, própria daquele espaço e daquele tempo. Naturalmente não existe uma perspectiva universal para seres humanos, porque estes sempre vivem em uma época histórica própria e limitada.

Desse modo, as verdades reveladas serão sempre *entendidas, expressas e vividas* inevitavelmente condicionadas por seus respectivos horizontes de compreensão. Daí termos novas compreensões, novos *insights*, novas dimensões, novos significados, novas práticas, novas organizações e novas instituições surgidas ao longo dos séculos no próprio cristianismo.

Portanto, o cristianismo, uma vez que significa a encarnação da fé cristã na história da humanidade, deve acompanhar as vicissitudes e as mudanças da própria história ou, com outras palavras, é uma realidade sempre em processo de transformação, sem que a possamos fixar em determinada modalidade histórica. Cada geração de cristãos, ao viver sua fé em seu respectivo contexto sociocultural, contribui para que essa mesma fé cristã seja acessível e significativa para seus contemporâneos.

Outra diretriz importante, presente ao longo das páginas seguintes, diz respeito à pessoa de Jesus Cristo acessível nos Evangelhos. Reconhecendo o valor da grande tradição cristã, que muito contribuiu para uma maior compreensão da fé cristã e da qual somos herdeiros, teremos, entretanto, na *vida de Jesus*, palavras e ações, o critério orientador e normativo desta nossa reflexão sobre o cristianismo vindouro.

Sem dúvida nenhuma, todos experimentamos hoje transformações abrangentes, rápidas e sucessivas, que caracterizam sem mais uma ampla e verdadeira mudança de época, a qual atinge todos os setores e instituições da sociedade, introduz novas linguagens, abre novos horizontes, provoca inédita consciência planetária, questiona constantes tradicionais, relativiza tempo e espaço pela recente cultura virtual, desmascara as desigualdades sociais, torna-nos temerosos do futuro do planeta, derruba padrões de comportamento e lança-nos desafios que não dominamos, fazendo-nos viver instabilidade e insegurança inéditas.

É uma sociedade secularizada enquanto prescinde de Deus e se mostra indiferente à questão fundamental do sentido da vida. Dominada pela pressão da economia neoliberal e, consequentemente, promotora do individualismo cultural, ela não mais apresenta referências substantivas que fomentem um humanismo autêntico, caracterizado pela justiça, pela partilha, pela fraternidade, pela responsabilidade coletiva, pelo respeito à liberdade. É a esta sociedade que deve ser anunciada a mensagem cristã.

Sociedade tradicional, sociedade moderna, sociedade pós-moderna, sociedade secularizada, sociedade cibernética se sucedem, sem antes assumir ou rechaçar componentes das precedentes. Assim também um cristianismo primitivo, patrístico, medieval, renascentista, moderno, ecumênico, inter-religioso, atento ao futuro da humanidade como defensor da ecologia planetária e da fraternidade universal.

Observemos, entretanto, que as mudanças no cristianismo não acontecem na *velocidade* que desejamos.

Há muitos fatores em jogo, não apenas de ordem doutrinal ou ética como também provindos da diversidade dos cristãos no que diz respeito à mentalidade, cultura, idade, modalidades de vida, que devem ser respeitadas por terem sido realmente vividas pelas gerações passadas. Importante é que tais mudanças aconteçam no respeito mútuo, pois são expressões e práticas da mesma fé cristã.

A atual crise do cristianismo, fortemente sentida nos países do hemisfério norte do planeta, tem provocado muitos pronunciamentos e publicações que também nos inspiraram, embora a situação presente na América Latina ainda não seja tão dramática. Todavia, não podemos negar o processo crescente da secularização entre nós.

O presente texto busca sempre uma linguagem clara e acessível a qualquer público. Renuncia, de antemão, a um tratamento mais sistemático e acadêmico, pois sua finalidade é explicar um pouco as mudanças em curso, as tensões que provoca, as iniciativas inovadoras e, sobretudo, a ação decisiva do Espírito Santo. Estamos cientes das lacunas ao tratar tema tão vasto, bem como de algumas repetições.

Ainda uma última palavra. Hesitamos muito em intitular este texto: trata-se do cristianismo ou da Igreja? Preferimos cristianismo por ser um termo mais amplo, já que muitas questões atingem também as Igrejas nascidas da Reforma, embora frequentemente ao longo das páginas seja a Igreja Católica que vem subentendida.

O adjetivo "sinodal" nos levará a reencontrar as comunidades cristãs do início do cristianismo: simples, missionárias, participativas, confiantes na força de Deus, mais do que no prestígio e no poder dos homens. Talvez haja perda quantitativa, mas certamente ganho qualitativo, que melhor permita ao cristianismo ser "sal da terra" e "luz do mundo".

1. A CRISE ATUAL

A fé cristã se dirige ao Deus de Jesus Cristo e, portanto, tem no Mestre de Nazaré uma referência imprescindível: alguém é cristão por crer no Deus de Jesus e por acolher a vida e as palavras de Jesus como o sentido último de sua existência. Porém, esta afirmação, que constitui o núcleo da fé cristã, deve ser necessariamente expressa em linguagem adequada para ser entendida e vivida; em uma palavra, para ser realmente significativa e pertinente para o ser humano.

A história da humanidade apresenta grande variedade e multiplicidade de linguagens, culturas, costumes e práticas sociais ao longo dos séculos. Permanece, portanto, uma séria e decisiva tarefa para os seguidores de Jesus Cristo: expressar sua fé em linguagem acessível a cada época, pois só assim outras gerações poderão conhecê-la e vivê-la. E, de fato, a história do cristianismo nos apresenta uma sucessão de expressões e de práticas diversas, conforme cada época com seu respectivo contexto sociocultural. A fé cristã é sempre a mesma, mas não a linguagem que a expressa e as práticas que a fazem surgir, sempre em vista de sua irradiação. Ninguém se compromete com o que desconhece.

Conhecemos a Igreja como a *comunidade dos fiéis* que creem em Jesus Cristo pela ação do Espírito Santo, que ouvem a pregação do Evangelho como Palavra de Deus, que celebram sua fé nos sacramentos, sobretudo no Batismo e na Eucaristia, que esperam uma vida eterna em Deus e procuram, nesta vida, viver o amor fraterno. Também ela, para ser conhecida como tal, deve ser uma realidade acessível às diversas gerações humanas, não só pelo anúncio salvífico de Jesus Cristo e pela oferta dos sacramentos, como também por sua organização institucional condizente com cada período histórico.

Em outras palavras, a comunidade cristã não cai pronta e acabada do céu. Ela passa por transformações para cumprir sua finalidade, a saber, levar à humanidade, ao longo da história, a salvação de Jesus Cristo.

Nessas transformações, dois fatores atuam decisivamente. O primeiro deles já foi mencionado: consiste no *contexto sociocultural* de cada época que, como já afirmamos, implica não só a linguagem condizente como também a organização social adequada àquele contexto.

O segundo fator consiste na compreensão que a própria Igreja tem de si mesma, pois a história nos apresenta diversas e sucessivas *eclesiologias*, conforme as interpretações teológicas dos dados da fé, os desafios enfrentados pela própria Igreja, o vocabulário disponível no tempo, a situação sociopolítica da época, sem deixar de mencionar a ação contínua do Espírito Santo, para que ela seja fiel à sua missão.

Consequentemente, expressões e instituições, necessárias ou convenientes no passado, podem se tornar ininteligíveis e até obstáculos para a fé em outro contexto sociocultural e histórico. Neste caso se impõe um adequado conhecimento do mundo ao qual é anunciado o Evangelho de Jesus Cristo, com suas linguagens, práticas sociais, desafios presentes, esperanças e sonhos. Só a partir desse quadro referencial e em seu interior, a mensagem cristã poderá ser realmente *pertinente e significativa* para cada geração.

Quando se fala do desaparecimento de Deus na atual sociedade, tenhamos em conta que o problema não está em Deus, mas sim em sua *representação tradicional* rejeitada por muitos. O Deus distante e inalcançável do deísmo, o Deus exigente e punidor da moral e da lei, o Deus onipotente, mas que não age, o Deus responsável pelos males que afligem a humanidade são representações de Deus que hoje corretamente devemos rejeitar, mas que, infelizmente, afastam muitos da fé cristã.

Além disso, a inadequação entre a linguagem eclesial e a sociedade atual também pode ser encontrada nas exposições doutrinais, nas celebrações sacramentais e nas práticas pastorais. A presença de termos antiquados, com teologias e problemáticas já ultrapassadas, mais oculta e desvirtua a mensagem cristã do que propriamente a anuncia. Certas práticas pastorais fecundas no passado podem constituir obstáculos no presente. O que deveria ser mediação se torna empecilho.

Aqui reside a *raiz da crise atual* do cristianismo no mundo ocidental, que progressivamente repercute em todo o planeta. Atualmente vivemos transformações tão amplas e profundas, não mais caracterizadas como época de mudanças, e sim mais radicalmente como mudança de época. Não só a Igreja sente o desafio como também as demais instituições da sociedade, como a família, a universidade, a estrutura sociopolítica (democracia representativa), o convívio social (polarizações e intolerâncias), a nefasta hegemonia do fator econômico com crescentes desigualdades sociais, a degradação da natureza com o consequente desequilíbrio ecológico, a chegada da cultura cibernética, para citar alguns fatores que caracterizam a virada cultural em curso.

Atualmente no mundo ocidental, a sociedade se apresenta como *secularizada*, a saber, não mais envolvida e condicionada pelo fator religioso. Essa realidade afeta o próprio cristianismo profundamente, já que assim desaparece o horizonte cristão de conhecimento que permitia à fé cristã ser compreendida e acolhida. Muitos já não mais dispõem da chave de leitura para entender expressões e símbolos cristãos, que lhes significam muito pouco. Algumas expressões e imagens provindas do Evangelho pouco ou nada significam na atual sociedade.

Isso porque todo conhecimento humano sempre acontece no interior de um horizonte de compreensão, já que a realidade só se dá a conhecer ao responder às questões formuladas do interior desse quadro de interpretação (*mindset*). Daí as diferentes ciências resultantes das diversas abordagens da realidade. O olhar do físico diante da realidade certamente difere do olhar do psicólogo ou do sociólogo. Só no interior desse quadro referencial, que desempenha o importante papel de *meio* para o conhecimento, é que a realidade se faz conhecer.

A sociedade pluralista é aquela que apresenta uma multiplicidade de chaves de leitura da realidade, deslocando a compreensão cristã, outrora hegemônica, para apenas um setor da mesma, liberando os demais setores da tutela religiosa. E não só, pois dificulta consideravelmente que a mensagem cristã seja captada, entendida e menos ainda acolhida nesses setores, já que estranha a seus respectivos horizontes de compreensão. Aqui já aparece a urgente necessidade de uma linguagem cristã que possa ser compreendida por *todos* na atual sociedade.

Querer descartar de antemão a leitura cristã da realidade como arcaica e desprovida de legitimidade revela uma atitude arbitrária e sem fundamento, pois tal juízo acontece no interior de *outra chave de leitura* que, igualmente como a cristã, é apenas uma das múltiplas perspectivas de leituras do real, válida em seu âmbito do conhecimento e inepta para proferir juízos sobre as demais, no caso sobre a visão cristã do mundo.

Infelizmente domina em nossos dias uma *compreensão redutiva* do que seja ciência, pois esta se limita ao que pode ser objeto de experiência, ao que possa ser verificado ou quantificado, conforme o modelo das ciências físico-matemáticas. Porém, a razão humana que por *tudo* indaga é mais ampla do que as "racionalidades" das ciências emergentes na história mais recente da humanidade.

Por outro lado, em uma época caracterizada por mudanças sucessivas e bastante rápidas, marcada pela instabilidade, pela insegurança e até pela angústia, a religião é vista por muitos como uma referência sólida e imutável à qual procuram se agarrar. Daí se explica, ao menos em parte, sua resistência a qualquer mudança no âmbito religioso. Esquecem, entretanto, que a atual configuração do cristianismo foi ignorada por muitas gerações de cristãos, já que só se originou bem posteriormente no decorrer da história. Daí apresentar inevitavelmente características da época em que nasceu, as quais, com o passar dos anos, se tornaram arcaicas e obsoletas devido à transformação do cenário sociocultural.

No primeiro milênio do cristianismo se aceitava sem mais a diversidade nas expressões doutrinais, nas celebrações sacramentais, nas reflexões teológicas, nas ações pastorais, já que não se confundia *unidade* da Igreja com uniformidade eclesial, como, infelizmente, aconteceu no segundo milênio e constitui certamente outro fator de resistência às mudanças exigidas hoje.

Olhando retrospectivamente para a história, constatamos que a fé cristã apresentou configurações diversas no que conhecemos como cristianismo. Seja por buscar expressões e práticas condizentes com seu tempo, seja por ter que se defender de ameaças internas e externas, a fé cristã se enriquecerá no trato com as ideias em voga no respectivo tempo, como nos demonstra a herança que nos legaram os Santos Padres da Igreja ou as sistematizações doutrinais da Idade Média. Naturalmente também não deixará de ser afetada por tais ideias com consequências negativas. Vejamos algumas delas que podem explicar os impasses que hoje vivemos.

A fé cristã que confessa a ação salvífica de Deus nos seres humanos deve se manifestar visivelmente para que a iniciativa divina seja conhecida e consequentemente acolhida. Aqui se situa o sentido da pregação da Palavra de Deus, das celebrações sacramentais ou não e da própria comunidade de cristãos com suas normas morais e jurídicas. É o que conhecemos como a *sacramentalidade* (manifestação, sinalização) da fé cristã, de enorme importância para a transmissão da fé às gerações posteriores.

Tal sacramentalidade não tem, entretanto, razão de ser em si mesma, pois todo seu sentido é visivelmente *apontar para* realidades invisíveis, ou seja, deve ser ultrapassada pelas próprias realidades que assinala. O grande perigo aqui reside em permanecermos no sinal, de fácil acesso e controle, considerando-o meta da ação missionária da Igreja.

Então, a pastoral da Igreja enfatizará a recepção dos sacramentos, deixando em segundo plano o seguimento real de Cristo, a fé vivida e não apenas professada, a fidelidade à ação do Espírito Santo e não apenas às normas eclesiais. Quando alguém aponta o dedo para a lua, não é para admirarmos seu dedo, e sim para olharmos a lua. O sinal aí está para remeter para além de si. Ele é *meio* e não fim.

Embora resulte de outros fatores, como veremos, a funesta consequência dessa tendência pastoral é a *separação entre fé e vida*, entre o que se confessa e o que se vive de fato. Recebemos sacramentos, mas, em geral, não nos perguntamos por seu *efeito real* em nossa vida. Quem comunga na missa experimenta realmente um encontro pessoal com Cristo, um apelo para segui-lo melhor, um crescimento na fé, na esperança e na caridade?

Sem negarmos que pregações, confissões de fé, sacramentos e a comunidade eclesial sejam importantes para nossa vida cristã, não deveríamos insistir mais em seguirmos realmente a Cristo, assumirmos sua vida, passarmos pelo que ele passou, como Paulo o expressa tão bem (Fl 3,10s)?

Outro fator que provocou a separação entre fé e vida foi o fato de o cristianismo ter sido promovido à *religião oficial* do Império Romano. Este fato determinou não só o fim de uma vida perseguida e continuamente sob a ameaça de martírio como também provocou a entrada em massa de muitos na Igreja pelas vantagens que obteriam. O cristianismo cresceu em número e perdeu em qualidade, pois muitos contradiziam na vida a fé que professavam.

Isso porque o cristianismo passou a desempenhar a função de fator de *unificação política*, primeiramente do Império Romano e posteriormente da Europa; daí a hostilidade aos não cristãos, fossem eles judeus ou mulçumanos. Consequentemente, quem nascia na Europa era sem mais batizado e considerado cristão, embora muitos não pautassem sua existência cotidiana pela mensagem evangélica. Não havia mais uma distinção entre a identidade civil e a religiosa, sendo que a própria comunidade dos fiéis desaparecia na sociedade, a tal ponto que o termo "Igreja" passou a designar apenas a sua hierarquia, deformação essa que persiste em muitos dos nossos contemporâneos, como já mencionamos.

Outros fatores de cunho histórico irão enfraquecer a exigência de uma fé cristã realmente vivida. A começar pelas heresias que exigirão desenvolvimentos *teóricos* da mensagem cristã, ao refutar interpretações falsas da mensagem evangélica. O recurso às filosofias do tempo oferecerá fundamentos teóricos adequados de cunho neoplatônico ou aristotélico, mas deixará em segundo plano

a vivência cotidiana da fé, embora seja sempre menciona-
da pelos grandes pastores da época.

Também a organização institucional do cristianismo
irá exigir, cada vez mais, o recurso a *categorias jurídicas*,
devido à crescente propagação da fé e à criação de novas
dioceses seguindo o modelo das províncias do Império
Romano. Essa mentalidade jurídica do cristianismo como
instituição social irá se desenvolver ainda mais quando a
Igreja aparecer como um poder na sociedade e enfrentar o
poder civil, sem falar da vasta população cristã espalhada
pelo planeta, o que exigirá um amplo sistema canônico que
garanta a unidade e a identidade das comunidades cristãs.
Esse fator pesará sobremaneira na escolha dos novos bispos, sendo que nem sempre a coerência de vida cristã dos
candidatos foi devidamente reconhecida e valorizada.

Por outro lado, por ter desempenhado o papel de educador dos assim chamados "povos bárbaros", o cristianismo atuou como *disciplinador* dos costumes trazidos pelos
mesmos. Desse modo, como já acontecera no judaísmo,
haverá uma sacralização das normas sociais, dando-lhes
um fundamento religioso. Seu ensinamento moral irá introduzir noções não bíblicas, mas provindas da filosofia

grega, como a noção de "virtude", que influenciará a vivência cristã, concebendo-a como um aperfeiçoar-se individual inspirado no estoicismo. Também haverá uma ênfase exagerada na noção de pecado e na ameaça do inferno, ocasionando a chamada "pastoral do medo", com a finalidade de motivar conversões e confissões.

Consequentemente, emerge a *imagem* de um Deus exigente e punitivo que mais desperta temor do que amor e que não corresponde ao Deus misericordioso revelado por Jesus Cristo. Igualmente não se faz jus à necessária ação do *Espírito Santo* na vida cristã, tal como aparece no Novo Testamento, e nem mesmo à repercussão existencial dessa ação, mais conhecida como a dimensão mística da fé.

O anúncio do Reino de Deus é uma mensagem de vida, de esperança, de alegria, uma boa notícia para o ser humano. Mas a insistência no *pecado* e no castigo subsequente fez do cristianismo uma religião moralista, punitiva e pessimista, que não corresponde à intenção de Jesus Cristo manifestada em suas palavras e ações.

Também ao emitir normas morais, as autoridades eclesiásticas não consideravam os *condicionamentos* de cunho social, cultural e psicológico, presentes em todo ser humano, fatores que ajudavam ou dificultavam uma vida cristã coerente, prévios a um juízo moral, tais como aprendemos das ciências em nossos dias. Consequentemente, a existência cristã constitui um *longo processo* de integração de toda a realidade humana, em vista de fazê-la viver realmente a caridade cristã, sendo que nem sempre o que não se alcança em cada etapa possa ser considerado pecado sem mais. Importante é o caminhar sempre.

Outro fator responsável por uma deficiência na missão evangelizadora do cristianismo está na ênfase dada às *expressões* da identidade cristã, com prejuízo dessa mesma identidade. Naturalmente a existência cristã define e conserva sua identidade através do que Santo Tomás chamava de "sinais da fé", a saber, a doutrina, o culto e a própria comunidade de fiéis. São sinais, são meios, não fins em si. Sua função é despertar, motivar e fortalecer a vivência da fé por parte do cristão.

Entretanto, por se tratar de realidades visíveis, bem definidas, sujeitas a controle, a missão pastoral do cristianismo se concentrou muito nessas expressões da fé, desenvolvendo a chamada "pastoral sacramentalista", nem sempre acompanhada por uma correspondente formação doutrinal e, menos ainda, por uma vida coerente com o Evangelho. Desse modo, muitos buscam sacramentos nas paróquias, vendo-as principalmente como fornecedoras de sacramentos, sem que os mesmos os conduzam a uma vida cristã mais autêntica.

As confissões da fé (credos) apresentam uma *linguagem do passado*, não mais entendida em nossos dias, refutando heresias daquele tempo e que nossos contemporâneos desconhecem. A riqueza oferecida pelos estudos neotestamentários não é devidamente aproveitada para expressar a fé cristã em linguagem mais simples e acessível. Impõe-se, portanto, uma volta aos textos do Novo Testamento para se falar da Santíssima Trindade, de Jesus Cristo, da ação do Espírito Santo, do Batismo e da Eucaristia, da comunidade eclesial, da vida eterna.

A comunidade dos fiéis, como sacramento visível do projeto salvífico (invisível) de Deus, deve primeiramente ser uma autêntica *comunidade*, e não uma coletividade, como se constata nas grandes paróquias urbanas. Deve constituir-se em comunidades menores, onde seus membros se conheçam, possam expor confiantemente como vivem sua fé cristã, fortaleçam-na pelas palavras e pelos testemunhos de vida de outros cristãos, adquiram um maior conhecimento dos textos bíblicos e empreendam ações em favor dos mais pobres e excluídos, em meio a uma sociedade dominada pelo individualismo e pela indiferença social.

Naturalmente, a comunidade dos fiéis só será realmente assim se todos os seus membros, também os fiéis leigos e leigas, sejam devidamente reconhecidos, possam *participar ativamente* da vida da comunidade e colaborar não somente no múnus do ensino e do culto como também, de certo modo, no próprio governo da comunidade, com participação tanto consultiva quanto deliberativa. Afinal, todos constituem a Igreja.

Outro ponto que deve ser corrigido diz respeito ao *dualismo do sagrado e do profano*. Nascido das controvérsias medievais sobre a gratuidade da salvação (graça de Deus), que ocasionaram a *hipótese* de um mundo criado sem a graça de Deus, para deixar claro que esta lhe fora concedida posteriormente como realidade totalmente gratuita. Infelizmente, o que era mera *hipótese* acabou sendo entendida como realidade: ao mundo privado da graça de Deus se acrescentou a mesma, como um segundo andar de uma casa. Desse modo, a realidade experimentada, pensada, vivida e transformada pelo ser humano constituía apenas o que se conhecia como mundo profano.

Consequentemente, o contexto vital onde decorria a existência do ser humano, na família, na vida profissional, nas relações sociais, nos momentos de descanso ou de lazer, é imaginado como carente da graça de Deus e pouco influía em sua salvação eterna. Era necessário que o ser humano recorresse ao setor do *sagrado*, onde encontrava a graça de Deus, sem a qual dita salvação seria impossível.

O reduto do sagrado se situava no interior da Igreja, ou mais amplamente no setor "religioso": pregação da Palavra de Deus, recepção dos sacramentos, adesão a práticas e devoções espirituais, peregrinações etc. O que não tivesse esse rótulo religioso, mesmo consistindo de ações boas e louváveis, não passava de mera filantropia, carente de valor salvífico.

Em uma época de cristandade, quando a fé cristã se encontrava presente e atuante na vida social, as consequências desse dualismo foram menos sentidas, mas, com o advento da sociedade moderna, pluralista, secularizada, esse dualismo causou e ainda causa danos lamentáveis ao próprio cristianismo. Isso porque ocasionou que o mundo profissional, cultural, científico, político, artístico se compreenda *autonomamente*, prescindindo da fé cristã e da própria graça de Deus, então limitada ao setor religioso da vida cotidiana.

A manutenção de práticas religiosas tradicionais, que nem sempre eram acompanhadas por uma vida cristã coerente com as mesmas, irá provocar a funesta *separação entre fé e vida*. As verdades cristãs são invocadas e confessadas, mas pouco vividas por muitos cristãos, embora o imaginário da sociedade se apresentasse fortemente marcado pela mensagem cristã. Mas essa estrutura de plausibilidade para a fé cristã vai aos poucos desaparecendo com o advento da sociedade pluralista e secularizada, como hoje podemos constatar, sobretudo, nos ambientes urbanos.

Na época da *cristandade*, a saber, quando a fé cristã era hegemônica na vida da sociedade ocidental, ser cidadão equivalia a ser cristão, já que as crianças eram logo batizadas. O substrato cristão fornecia um fundamento comum aos países europeus. Como os membros da Igreja se identificavam com os membros na sociedade, a fé cristã constituía então um *dado cultural* de todos. A Igreja, como tal, começa a ser vista como uma instituição limitada a padres e bispos, fato que subsiste até nossos dias sempre que surgem críticas à Igreja, já que seus fautores não se consideram também Igreja.

Como nessa época o clero dispunha de melhor formação, a grande maioria de leigos e de leigas na Igreja era desconsiderada, sem direito a uma participação ativa em sua missão e em seu governo. Daí nasceu a consciência de certa *superioridade* da classe clerical, detentora do saber e do poder na comunidade, amparada por uma legislação correspondente, embora já corrigida em parte pelo Concílio Vaticano II.

Os diferentes carismas, com as correspondentes funções na comunidade eclesial, se tornaram possessão *exclusiva* do clero, que se traduz em um poder sacro e em uma casta clerical que contrariam formalmente a ordem do próprio Cristo: "Não deve ser assim entre vós" (Mt 20,26). Hoje conhecemos bem os abusos e os escândalos resultantes dessa mentalidade, que tanto deformam a própria Igreja e enfraquecem sua irradiação evangelizadora.

A escassez de vocações para o presbitério veio agravar ainda mais esse quadro, exigindo dos responsáveis pelas paróquias um excesso de dedicação e de trabalho que, entretanto, não consegue responder adequadamente às demandas dos fiéis, gerando nos ministros cansaço, desânimo, depressão e abandono do ministério. Urge, portanto, redefinir a figura e a missão do sacerdote, mas igualmente precisar o papel do laicato na Igreja futura.

Isso porque vivemos hoje em uma sociedade onde todos querem ter uma *participação ativa*, onde todos gozam de certa autonomia para construir a própria biografia, bem diversa das sociedades feudais e monárquicas do passado. O indivíduo goza da liberdade de escolher tanto seus dirigentes quanto o regime de governo, como se dá nas democracias modernas.

Certamente a Igreja jamais será uma entidade democrática, pois sua autoridade provém de Deus e não do povo. Entretanto, por se ver erigida em religião oficial do Império Romano, ela sofre danosa influência daquela sociedade fortemente hierarquizada. Suas autoridades passam a desfrutar do poder à semelhança do poder próprio da área civil. A característica de serviço (*diaconia*) à comunidade quase desaparece, favorecendo o carreirismo, a adulação, a vaidade. Ainda hoje reside aqui a razão principal da rejeição de autoridades eclesiásticas à reforma empreendida pelo Papa Francisco. Não admitem perder poder, prestígio, privilégios e vantagens materiais que já desfrutam. É interessante notar que tal reação muito se assemelha à das autoridades religiosas com relação a Jesus Cristo.

Outra séria deficiência concernente à vida cristã consistiu na *separação entre o setor sagrado e profano da vida*. Desse modo, desvalorizou-se o cotidiano das pessoas, sua vida real na família, seus deveres profissionais, sua atuação no campo sociopolítico, enfim, tudo de bom que se realizava sem a etiqueta de "religioso" e que abarcava a maior parte de suas vidas. A fé se viu reduzida ao âmbito do sagrado: orações, celebrações, confissões, devoções, acrescentadas ao cotidiano "profano". Sendo assim, ela desaparece do que constituía a *vida real* das pessoas, suas lutas, suas aspirações, suas afeições, suas conquistas, seus dissabores. Tudo isso era visto como destituído de valor salvífico e não contava diante de Deus.

Visto em profundidade, o cristianismo revoluciona o âmbito da religião, pois *desloca* o sagrado (doutrinas, ritos etc.) para o ser humano. Nele, encontramos Deus. Decisivo é como nos comportamos com nosso semelhante (Mt 25,31-46). Todo o resto está em função desse objetivo, a saber, todos os sinais externos, que garantem a identidade cristã, remetem à ação do Espírito Santo e seu acolhimento por parte do ser humano. São sinais que nos interpelam, que remetem para além de si (Palavra de Deus, doutrinas, celebrações, sacramentos etc.).

Considerá-los em si mesmos impede ver que o sagrado cristão está presente em todos os setores da vida. Do contrário, o que mais importava às pessoas (vida concreta) pouco tinha a ver com a fé cristã, a não ser pelos ditames morais a serem observados. Mas, em si, eram setores da vida que prescindiam da fé cristã, setores neutros sem significado salvífico. Daí uma separação entre fé confessada e existência vivida, que persiste até nossos dias e que antecipou, de certo modo, a sociedade secularizada atual.

Outro fator que colabora para a atual crise e que pede correção no futuro diz respeito ao *déficit de experiência* na vida e na pregação por parte do cristianismo tradicional.

Os ataques de cunho doutrinal motivaram o florescimento de profundas reflexões teológicas e de sínteses magistrais da fé cristã, acentuando a mesma em seu aspecto doutrinal. Reinava grande preocupação com a ortodoxia, mas não tanto com a ortopraxia, isto é, como era realmente vivida a fé retamente confessada.

Essa preocupação também se estendia ao campo jurídico, já que a Igreja se apresentava à sociedade como uma instituição paralela e em competição com o poder civil. Ela necessitava de uma estrutura jurídica que definisse bem direitos e deveres à semelhança do Estado. Devido a esse contexto histórico e a essa situação política, ganha demasiada força o *direito canônico* na vida da Igreja, embora ninguém possa duvidar de sua necessidade e sentido.

Também o campo da *moral* adquire enorme importância, em parte devido à função educativa desempenhada no passado pelo cristianismo em relação aos povos bárbaros. Embora sem negar o claro ensinamento de Jesus Cristo sobre o valor único do amor ao próximo como cume do comportamento cristão, a doutrina moral se apoia mais nos mandamentos, sofre influência do estoicismo, hipertrofia a noção de pecado, utiliza uma pedagogia do medo das penas eternas e faz do cristão alguém cuja maior preocupação é não pecar, pois, ao contrário da atitude do Mestre de Nazaré, o pecado é dramatizado e enfatizado, deixando em segundo plano a graça e a misericórdia de Deus, reveladas em Jesus Cristo. Houve também uma ênfase exagerada no campo da moral sexual, deixando em segundo plano as faltas relativas às relações sociais, tão importantes nos textos evangélicos (Mt 25,31-46).

A principal preocupação do cristão era salvar a própria alma, garantir a vida eterna em Deus. Desse modo, a salvação cristã desmerecia e desvalorizava as realizações humanas desta vida, vistas como transitórias e efêmeras, ignorando que a salvação já tem início neste mundo, alcançando sua plena realização no outro. Entretanto, a salvação definitiva já começa a ser realizada no interior da história, na família, no trabalho, na sociedade, nas relações humanas, como os Evangelhos nos apresentam.

Certamente no passado, o anúncio da fé cristã priorizou o que era mais visível, como os sacramentos, ou o que podia ser mais facilmente controlado, como as normas morais. O compromisso da liberdade pessoal com a pessoa de Jesus Cristo, a entrega da existência pessoal ao segui-lo, o risco que se corre ao estruturar a própria vida em sintonia com a fé, tudo isso não era devidamente valorizado, embora estivesse muito presente nas vidas dos autênticos cristãos e cristãs.

Muitos viviam certo *positivismo cristão* que ignorava a ação de Deus em cada fiel, não valorizava devidamente o dinamismo do Espírito Santo, não educava para uma espiritualidade vivida, sentida, experimentada. O culto devocional aos santos e às santas visava principalmente à obtenção de favores, embora naturalmente com exceções. Sendo assim, não nos deve espantar que ultimamente tenham surgido "espiritualidades não cristãs", aproveitando-se dessa carência da pastoral tradicional. Algumas se apresentam mesmo como espiritualidades ateias, embora tomem muito da fé cristã para poder oferecer um conteúdo imprescindível.

A ausência de uma pastoral que eduque para a experiência de Deus, para a sintonia com a ação do Espírito Santo, para a vivência de um relacionamento pessoal com Deus, aparece claramente na celebração dominical da *Eucaristia*. A participação permanece no âmbito do sinal, da exterioridade, das palavras e dos gestos visíveis, da exatidão do rito, mas não chega a introduzir o fiel em uma *experiência pessoal* de participar, como cristão, da entrega eterna de Jesus ao Pai para nossa salvação. A celebração eucarística propriamente não interpela, não questiona, não impele, não consola, não fortifica o participante. Para muitos, é o mandamento a ser cumprido, é a devoção particular a ser executada.

Infelizmente, a dimensão *mística* da fé ficou relegada na tradição ocidental ao âmbito da vida religiosa e dos mosteiros como um luxo reservado apenas a alguns cristãos especiais. Em uma época de grandes transformações nas expressões, nos sinais e nas instituições, quando se busca luz, força e confirmação na fé por meio de uma experiência pessoal da ação de Deus, a ausência de uma pedagogia (mistagogia) na pastoral tradicional da Igreja representa uma séria lacuna a ser corrigida.

Outra deficiência a ser sanada em um cristianismo futuro concerne à atividade apostólica do *laicato*. No passado, por razões que já elencamos mais atrás, apenas o clero era encarregado de proclamar a mensagem cristã, sendo formado para tal. A concentração de ministérios na pessoa do presbítero ou do bispo não poderá mais ser mantida no futuro, e não só pela escassez de ministros ordenados, pois hoje sabemos que todo cristão, por ser tal, é também um *sujeito ativo* de evangelização.

Compete a *todo o Povo de Deus* proclamar a mensagem do Reino de Deus ao longo da história. Esta verdade foi enfatizada no Concílio Vaticano II, reafirmada na Assembleia Episcopal de Aparecida e impulsionada pelo atual Papa Francisco, em seu empenho decidido por uma *Igreja sinodal*. Nesta, todos são membros ativos, todos devem ter voz e vez, todos são missionários na proclamação e implantação do Reino de Deus. Certamente, talvez esse constitua o maior desafio para um cristianismo futuro, pois questiona seriamente não só uma mentalidade de muitos séculos como também estruturas de privilégios e de poderes clericais que deverão desaparecer.

Consequentemente, não nos deve admirar a forte resistência por parte de alguns bispos e padres à devida ascensão de leigos e de leigas na atividade missionária da Igreja, apesar de todos os desmandos revelados nos últimos anos e causados, em grande parte, pela indevida proteção concedida à classe clerical.

Certamente a presença atuante do laicato em um cristianismo futuro atingirá não apenas uma imagem da Igreja, uma nova compreensão da comunidade eclesial, como também uma nova, e talvez inédita, *forma institucional* da mesma. Mesmo respeitando a identidade teológica da comunidade cristã, ela irá oferecer uma nova configuração, certamente inédita na história. Entretanto, nada disso acontecerá da noite para o dia, pois será uma gestação lenta, progressiva, amadurecida ao longo dos anos.

Outra característica da Igreja do passado que deverá sofrer uma séria revisão diz respeito ao juízo do cristianismo com relação às *demais religiões*, bem como à postura da Igreja Católica ante as demais Igrejas cristãs. Vejamos a primeira delas. A ideia dominante era a da exclusividade: só o cristianismo era a verdadeira religião, as demais eram superstições a serem erradicadas. O Evangelho deveria ser anunciado para que "essa pobre gente" pudesse alcançar a salvação. Caso contrário, estariam já condenados ao castigo eterno. O mesmo juízo era aplicado aos cristãos separados da Igreja Católica, que deveriam rever seus erros e voltar ao seio da mesma para obter a salvação. Podemos caracterizar essa posição como *excludente*.

Hoje, tanto o movimento ecumênico quanto o diálogo inter-religioso exigem um posicionamento *includente*, a saber, que reconheça verdades e caminhos salvíficos também em outras religiões, devido primeiramente a um maior conhecimento das mesmas. Esse fato irá provocar uma mudança fundamental na atividade missionária do cristianismo, pelo respeito que ele deverá ter pelas outras culturas e pelas demais religiões, sem buscar substituí-las, como no passado, pela religião cristã.

No âmbito cristão, o movimento ecumênico permitiu que as Igrejas cristãs conhecessem melhor umas às outras, reconhecessem que certas leituras próprias não deveriam ser exclusivas e que certos elementos presentes em outras Igrejas também tinham raízes evangélicas e que poderiam ou deveriam ser também assumidos. O cristianismo como tal se encontra sedimentado no catolicismo, no protestantismo e no ortodoxismo, que juntos o expressam mais plenamente. Consequentemente, eles se corrigem e se completam mutuamente e deveriam assim permanecer.

Essa conclusão terá sérias consequências para o rosto de um cristianismo futuro. O maior conhecimento mútuo favorecerá a união e a atividade comum em prol do Reino de Deus na sociedade moderna. Certamente irá emergir com mais força a *pessoa de Jesus Cristo*, suas palavras e suas ações, concretizando, assim, uma volta ao que é fundamental na fé cristã.

O diálogo inter-religioso em curso implica não somente uma maior proximidade e um conhecimento mais adequado das religiões não cristãs como também um reconhecimento do valor salvífico de verdades e valores nelas presentes, já que o Espírito Santo atua em todas as culturas e religiões. Esse fato condiciona seriamente a *atuação missionária* do cristianismo, pois a fé cristã deverá se inculturar nas diversas regiões e se enriquecer com novas perspectivas de compreensão fornecidas por essas religiões.

Outro fator que dificulta a urgente renovação do cristianismo é o fato da união do mesmo com o *poder civil* e com as vantagens econômicas e sociais provindas dessa aliança. Desde que foi declarada religião oficial do Império Romano, a religião cristã ganhou um *status* social destacado, de tal modo que em algumas épocas chegava até a enfrentar o poder civil. Aqui também reside a resistência de autoridades eclesiásticas de certos países, ou mesmo a pouca reação de outros episcopados, aos apelos de renovação vindos do próprio papa. Sentem-se pouco à vontade em uma Igreja mais pobre, desprovida de vantagens, sem se servir do poder civil, mais confiante na força de Deus e na assistência do Espírito Santo.

A *saída* de católicos para ingressarem em comunidades evangélicas, como acontece na América Latina, exige uma séria consideração, já que denota deficiências a serem corrigidas: pastoral sacramentalista, falta da experiência concreta de pertencer a uma comunidade realmente humana, linguagens e exigências inadequadas para as classes mais simples, escassez de padres em comunidades mais longínquas etc.

Igualmente uma preocupação excessiva com a própria *identidade*, sobretudo em termos de doutrina e de moral, fez da Igreja uma instituição voltada para si própria, autorreferenciada, deixando em segundo plano sua finalidade de levar adiante a missão de Jesus Cristo na sociedade envolvente e em contínua transformação. Basta examinar as temáticas de congressos, de publicações e de pesquisas teológicas para se constatar o predomínio de conteúdos intraeclesiais.

Sem a menor pretensão de termos sido exaustivos, apresentamos alguns impasses e desafios enfrentados hoje pelo cristianismo. Também no passado a religião cristã teve que superar situações dramáticas, delas se saindo mais purificada e autêntica. Assim comprova a contínua assistência divina que a acompanha até o final dos tempos.

Mas que nem por isso dispensa nosso esforço, nossa dedicação, nosso zelo por instituir uma nova configuração cristã, um novo cristianismo, que mediatize para a sociedade atual e futura a pessoa de Jesus Cristo e sua mensagem de salvação, de paz e fraternidade; em uma palavra, de felicidade.

O próximo capítulo buscará oferecer os fundamentos teológicos para a nova configuração em curso.

2. DIRETRIZES TEOLÓGICAS PARA UM CRISTIANISMO FUTURO

Vamos partir de algumas *verdades fundamentais* da nossa fé cristã. Deus é transcendente, não pode ser objeto do nosso conhecimento, o qual se dirige sempre a realidades finitas. Deus é infinito, incomensurável, inabarcável; em uma palavra: Deus é e será sempre mistério para o ser humano. Mas podemos pressentir sua presença devido a sua livre iniciativa de vir ao nosso encontro para nos fazer participar de sua vida e de sua felicidade. Tradicionalmente expresso: ele vem para nos salvar.

Desse modo, ele se manifesta através de sua *ação* nos seres humanos. É o que ensina a Bíblia nas figuras de

Abraão ou de Moisés, dos profetas e dos patriarcas. Mas é importante que tal ação divina seja percebida, captada e expressa por quem é por ela atingido. E como não existe um ser humano em geral, mas sempre pessoas que vivem em determinada época, em determinado contexto socio-cultural, limitadas por seu imaginário social e pela linguagem disponível, também ao expressarem a experiência da ação divina, elas o farão com o material linguístico e cultural ao seu alcance.

E como a ação de Deus pela humanidade continua ao longo da história, não devemos nos surpreender se expressões e práticas diversas causadas por essa ação se sucedam ao longo dos séculos. A interpretação dada por cada geração refletirá tanto sua linguagem disponível quanto os *desafios concretos* que enfrenta. Daí podermos encontrar diversas imagens de Deus presentes na própria Bíblia. Deus dos nossos pais, Deus libertador do jugo egípcio, Deus fator de colheitas abundantes, Deus não só de Israel, mas de todos os povos. Deus Pai de Jesus Cristo que atua em nós através do Espírito Santo.

A inevitável historicidade da ação salvífica de Deus condiciona também *como* devemos *acolher* essa iniciativa divina, devidamente lhe responder, moldar nossa vida para lhe corresponder, já que nossa consciência moral também é condicionada pelo momento histórico que vivemos. Não só a Bíblia nos confirma que as gerações sucessivas estão sempre a interpretar o evento fundante a partir de seu horizonte cultural, como também a própria Igreja atesta um desenvolvimento progressivo em sua doutrina e em sua moral, premida pelas situações inéditas que enfrenta.

Observemos brevemente que esse fato pode também ser observado no judaísmo e no islamismo, que evoluíram pelas leituras posteriores dos textos e dos eventos fundadores. Caso contrário, estariam reduzidos a peças de museu na história humana.

Essa verdade diz respeito ainda ao modo como o ser humano se *organiza socialmente* através das instituições que cria, já que é um ser social. Com outras palavras, a historicidade atinge também a dimensão institucional do cristianismo, que em sua estrutura interna, assim como em sua atuação missionária, poderá e deverá experimentar mudanças para ser o que deve ser também para gerações e contextos futuros.

Em síntese, podemos afirmar ser a *consciência que tem a Igreja da própria fé cristã* que subjaz, motiva, aciona e efetua tais mudanças, já que tal consciência é histórica pela ação de vários fatores, à luz dos quais as mudanças se justificam, se fundamentam, se impõem. Não pretendemos tratar de todos esses *fatores*, mas nos limitaremos a alguns que nos parecem mais importantes. Eles constituem pilares substanciais do próprio cristianismo, referências necessárias de sua identidade, critérios indispensáveis para avaliação de suas configurações históricas.

O que há de comum em todos eles é que buscam sua inspiração e seu ponto de partida não em elaborações doutrinais ou em sistematizações teológicas, mas simplesmente no próprio *Evangelho*. Graças à enorme riqueza dos atuais estudos bíblicos, já temos maior conhecimento dos primeiros anos do cristianismo, de suas características fundamentais, da sociedade de então e do objetivo central que explica a vida pública de Jesus, por ele denominado o *Reino de Deus*.

Desde já importa deixar claro que nossa exposição não implica de modo nenhum juízo negativo sobre as diversas configurações do cristianismo nos séculos passados. Diante dos problemas enfrentados, dos contextos socioculturais respectivos e da compreensão da fé cristã que lhe era então possível, o cristianismo procurou levar adiante sua missão evangelizadora naquelas sociedades. Utilizar chaves de leitura hodiernas para julgar o passado é cair em um *anacronismo* ingênuo e injusto. Não mais habitamos o mesmo "mundo" que eles habitaram.

Portanto, se partimos do Evangelho logo constatamos a importância central da noção do *Reino de Deus* para entendermos as palavras e as ações de Jesus Cristo. Seus ensinamentos, seu sermão na montanha, suas parábolas diziam respeito ao comportamento que os seres humanos deveriam ter para usufruir uma vida na paz e na justiça; enfim, uma vida feliz. Respeito aos bens alheios, capacidade de perdoar, sensibilidade real para com os mais sofridos, espírito de serviço mútuo, assim era o discurso de Jesus, confirmado e reforçado por curas, contatos com marginalizados, perdão de pecados, exorcismos, acolhimento universal, mas igualmente por suas exigências para com seus seguidores.

Mesmo apresentando leituras diversas no passado, há um acordo de fundo entre os estudiosos sobre o sentido original da expressão "Reino de Deus", embora o próprio Jesus, ao utilizar esta expressão continuamente em sua pregação, nunca a tenha definido claramente.

Entendemos Reino de Deus como uma noção-chave no cristianismo, pois indica o *projeto de Deus* para a humanidade. Significa esta última vivendo sob a soberania, o domínio de Deus, ou ainda realizando na história a vontade de Deus. Reconhecendo e seguindo os ditames divinos, ela tornaria possível uma convivência pacífica entre os humanos, ou uma sociedade marcada pelo amor e pela justiça, na qual os seres humanos pudessem ser realmente felizes.

Para realizar seu projeto, Deus escolheu um povo que aceitaria essa soberania e fosse exemplo para os demais povos da terra. O povo eleito de Deus foi Israel e em seu interior nasce Jesus de Nazaré, o próprio Filho de Deus, para levar a cabo o projeto do Pai.

Através de suas palavras e ações, Jesus não só nos revela o Pai como também como devemos nos comportar com nossos semelhantes para corresponder ao projeto original de Deus. Examinados com atenção, tanto o sermão da montanha quanto as parábolas e os ensinamentos de Jesus dizem respeito seja à confiança que devemos ter no amor e na misericórdia de Deus, seja ao amor fraterno por nossos semelhantes, sobretudo pelos mais pobres e necessitados.

O seguidor de Jesus é aquele que assume a bandeira do Reino de Deus, que faz da existência de Jesus o núcleo de sua própria vida, que é reconhecido como discípulo pelo amor fraterno (Jo 13,35). Suas opções na linha do Evangelho já estão constituindo sua salvação, que acontece *já nesta vida* e que terá seu desfecho pleno na vida eterna em Deus. O cristão constrói no tempo sua salvação definitiva em Deus.

Consequentemente, a resposta do ser humano à oferta de salvação da parte de Deus se dará através de seu comportamento com relação a seu semelhante, como fica claro na cena do juízo final (Mt 25,31-46). Temos aqui uma característica muito importante da fé cristã: o sagrado *se desloca* do templo, das celebrações, do culto (espaço do religioso) para a própria pessoa humana. Critério fundamental de um autêntico seguidor de Cristo não está em doutrinas, práticas ou ritos religiosos, mas no amor efetivo para com seu semelhante (Lc 10,25-37).

Entretanto, o cristianismo deve ter, enquanto realidade social, sua identidade de modo visível por meio de doutrinas, de celebrações, de normas morais, enfim, da mesma comunidade dos que têm fé. Tais características são os sinais da fé (Tomás de Aquino), a saber, sinais da ação do Espírito Santo e do seu acolhimento por parte do ser humano. São essenciais para identificar o cristianismo, mas devem sempre ser ultrapassados para levar o cristão à realidade salvífica neles representada. O visível está a serviço do invisível, que é alcançado pelo olhar da fé.

Nesse sentido, podemos afirmar ser Jesus Cristo sacramento (sinal) de Deus: "Filipe, quem me vê, vê o Pai" (Jo 14,9) e igualmente a Igreja como comunidade dos fiéis, como comunidade da ação de Deus efetivamente acolhida. Esse Povo de Deus deve continuar na história a missão de Jesus Cristo: proclamar e realizar o Reino de Deus, que acontece pela pregação, pelo culto, mas principalmente pelo testemunho de vida dos cristãos, a saber, pela caridade efetiva para com seu semelhante.

Não se deve permanecer retido nos sinais que, ao não serem transcendidos pelo cristão, perdem seu sentido e falsamente se erigem em metas da vida cristã: conhecimentos doutrinais, práticas sacramentais, grupos intraeclesiais diversos etc. Portanto, deve o cristão, pelo sinal, encontrar o mistério de Deus nele representado e alcançar a dimensão mística de sua fé. Permanecer no sinal significa frustrar seu sentido e isolar a fé da própria vida.

Além disso, ser membro da Igreja é participar efetivamente de sua missão pelo Reino, é pertencer a uma comunidade às voltas com uma missão. Sendo assim, pelo Batismo todo cristão é um missionário, *membro ativo* em uma comunidade toda ela voltada para a evangelização da sociedade. Ser cristão não é uma vocação intransitiva.

E como a fé pessoal é um dom do *Espírito Santo* (1Cor 12,3), é ele quem ilumina e fortalece cada cristão e igualmente a comunidade eclesial ao longo dos anos. Sua ação é a mesma que experimentou e fielmente seguiu o próprio Jesus Cristo. Portanto, ela nos leva a assumir uma vida de doação e de serviço aos demais, a exemplo do próprio Cristo (Jo 13,35).

Consequentemente, *a fé vivida é mais importante do que a fé sabida*. Ao contrário dos rabinos que instruíam seus discípulos no conhecimento da Lei, Jesus não atua como um mestre-escola quando chama seus seguidores. Não lhes oferece uma doutrina para ser sabida, mas os chama a *participarem de sua vida* de andarilho, de viverem o que ele próprio vivia, privilegiando a práxis em face da teoria. Naturalmente ele viveu no interior de uma tradição religiosa, de uma sociedade que acreditava em Deus e que podia captar o sentido de suas palavras e de suas ações. Mas sempre exigiu que a doutrina que ensinava fosse vivida no cotidiano das pessoas.

Os textos comprovam nossa afirmação. "Não basta me dizer: 'Senhor, Senhor!' para entrar no Reino dos céus; é preciso fazer a vontade de meu Pai que está nos céus" (Mt 7,21); "Todo o que ouve estas minhas palavras e as põe em prática pode ser comparado a um homem sensato, que construiu sua casa sobre a rocha" (Mt 7,24); "Todo aquele que faz a vontade de meu Pai, que está nos céus, este é meu irmão, minha irmã, minha mãe" (Mt 12,50); o mesmo afirma o relato dos dois filhos que reagem à ordem do pai (Mt 21,28-32). A cena do juízo final, que acentua a importância decisiva de uma caridade efetiva como critério de salvação, manifesta claramente o pensamento de Jesus nesse particular (Mt 25,31-46).

Só assim a instituição não se imporá tanto à sociedade por sua organização, capacidade administrativa, prestígio social, celebrações festivas, quanto pelo *exemplo de fé vivida*, de dedicação ao próximo, de solidariedade efetiva, de luta pela justiça, de gratuidade exercida em um mundo onde tudo tem seu preço. Assim estará *assinalando*, a saber, tornando presente e visível a ação do Espírito Santo, a mensagem de Cristo e o desígnio do Pai para a humanidade.

Em uma época caracterizada pela inflação de discursos, de torrentes de informações através dos modernos meios de comunicação, de ausência de referências substantivas e de valores formadores da personalidade, certamente a palavra como tal se encontra desvalorizada. Ganha relevância evangelizadora e força humanizante o *testemunho de vida*, a ajuda efetiva ao próximo, a singularidade da existência cristã. A vida é superior à sua expressão.

A iniciação cristã de crianças e de jovens deveria priorizar os *gestos concretos* de amor ao próximo, de solidariedade, de doação gratuita, que os fizessem experimentar a felicidade em fazer o bem; em uma palavra, em ser cristãos. Naturalmente essa prioridade não exclui o ensino doutrinal, a prática sacramental e a importância da oração, mas evidencia claramente o objetivo último da pedagogia cristã.

A concepção que justapõe natureza e graça, natural e sobrenatural, profano e sagrado é contradita pela própria mensagem da Escritura, que atesta a criação como uma realidade sempre voltada para uma finalidade maior, a saber, para a vinda de Cristo e a salvação da humanidade e da natureza. Não é, portanto, uma criação neutra à qual se acrescentaria o convite de Deus para uma vida eterna, mas a criação, toda ela, já se encontra, desde o início, finalizada e justificada por essa meta.

Paulo é categórico ao afirmar que a pessoa de Jesus Cristo não só esteve presente na criação como ainda, em definitivo, ela é sua meta: "Tudo foi criado por ele e para ele" (Cl 1,15; na mesma linha 1Cor 8,6; Jo 1,1-3). Essa verdade de fé indica que todo o mundo criado, dela consciente ou não, está intrinsecamente dinamizado para Cristo, está interiormente impulsionado pelo Espírito de Cristo, em vista de uma nova criação e de uma nova humanidade. Daí Paulo afirmar que as criaturas gemem esperando o dia da libertação para participar da glória dos filhos de Deus (Rm 8,19-22).

Em uma palavra, o *Espírito Santo* age em toda a criação, não só levando os seres humanos a crerem em Jesus Cristo (1Cor 12,3), a invocarem Deus como Pai (Rm 8,15), a procederem como cristãos (Gl 5,25) e a esperarem pela vida eterna (Rm 8,11), como também a se servirem de sua inteligência, de seus conhecimentos e de sua liberdade para cuidarem da natureza, para se defenderem dos acidentes da mesma, para desenvolverem seus dotes artísticos, para aperfeiçoarem suas relações sociais em vista de uma melhor convivência humana. Podemos mesmo afirmar que tudo de bom que o ser humano realiza se faz sob a atuação do Espírito Santo, que age em todos os seres humanos, ultrapassando as fronteiras das religiões e das culturas.

Para a fé cristã não existe o setor "profano" da realidade, no qual conhecimentos, atividades, conquistas, filantropias não teriam valor salvífico, não contariam diante de Deus, pois tudo o que contribui para o progresso humano, na área científica ou artística, no setor social ou político, desde que colabore para uma sociedade fraterna como deseja Deus (Reino de Deus), tem valor salvífico e é uma ação, no fundo, *realmente cristã*.

Considerando com atenção os relatos sobre a vida de Jesus de Nazaré, constatamos que ele dava pouca importância ao setor religioso do seu mundo, pois relativizava o *espaço sagrado* ou o templo (Jo 4,20-23), aonde ia mais para pregar segundo os peritos; igualmente o *tempo sagrado*, pois fazia milagres no sábado (Mc 3,1-6); e mesmo *pessoas sagradas* indiferentes ao sofrimento alheio (Lc 10,29-37). Em Caná da Galileia, utilizou a água destinada a um objetivo religioso para livrar o dono da festa de uma situação constrangedora (Jo 2,1-12).

Suas palavras e suas ações se dirigiam sempre a homens e mulheres de seu tempo, operando curas, transmitindo ânimo, incutindo esperança, perdoando pecados, aconselhando o perdão, aperfeiçoando as relações sociais, recuperando os marginalizados. Tudo isso realizado em episódios normais da *vida cotidiana*.

A cena do juízo final (Mt 25,31-46) nos mostra que o *sagrado* se encontra no modo como nos comportamos com nosso próximo. Aí sim encontramos Deus, aí sim cumprimos sua vontade, aí sim nos mostramos autênticos seguidores de Cristo. Portanto, mesmo reconhecendo a importância dos sinais sagrados, a existência cristã acontece no cotidiano de cada um: na família, na profissão, no lazer, nos momentos alegres ou tristes, na saúde ou na doença, no sucesso ou na derrota, nas ações de cada dia, sem uma etiqueta religiosa, mas como ações autenticamente *cristãs*. Viver a vida de cada dia como cristão, isto é, assumindo a vida de Jesus Cristo, que veio para servir e não para ser servido (Mt 10,45), define bem a vocação cristã.

Consequentemente, a *salvação cristã* não deve ser remetida apenas para a outra vida, pois ela já acontece aqui em nossa existência neste mundo, desde que vivamos o amor fraterno, embora a experimentemos plenamente só depois de nossa morte. Portanto, ela é construída ao longo da nossa própria vida, desde que estejamos comprometidos na promoção da fraternidade e da justiça no mundo, ao contrário do que pensava Karl Marx sobre o cristianismo. Desse modo, o Reino de Deus definitivo já vai sendo construído no interior da própria história.

Podemos expressar o mesmo em uma ótica mais teológica: Deus é amor, como nos ensina São João (1Jo 4,16). Jesus Cristo é a expressão visível desse amor por sua vida de entrega aos demais (Jo 14,9), que deverá também caracterizar a vida de seus seguidores (Jo 13,34s), a tal ponto que o amor, a Deus e ao próximo, constitui, no fundo, um único mandamento, como Jesus deixou claro no critério decisivo para encontrarmos Deus e alcançarmos nossa eterna felicidade (Mt 25,31-46).

Por conseguinte, a *caridade fraterna* constituirá o núcleo do seguimento real de Jesus Cristo ou da realização da vontade do Pai, acionada pelo Espírito Santo (Gl 5,22-25), como veremos. Jesus confirma nossa afirmação na parábola do bom samaritano (Lc 10,29-37), assim como São Paulo (Rm 13,8-10; Gl 5,14) e São João (1Jo 4,20s).

Pelo fato de a *ação do Espírito Santo* não se limitar ao interior do cristianismo, também os que não são cristãos, membros ou não de uma tradição religiosa, podem viver o amor fraterno, a solidariedade pelos demais, a compaixão pelos necessitados. De fato, é o Espírito Santo que *universaliza* o amor ao semelhante, núcleo da fé cristã, à semelhança daquele que a viveu perfeitamente (Hb 12,2).

Isso porque o Espírito Santo atua em "todos os homens de boa vontade" e "oferece a todos a possibilidade de se associar, de modo conhecido por Deus" à vida de Jesus, como afirmou o Concílio Vaticano II (*Constituição Pastoral sobre a Igreja no mundo de hoje* 22). João Paulo II foi mais além ao asseverar que "a presença e a ação do Espírito Santo não atingem apenas os indivíduos, mas também a sociedade e a história, os povos, as culturas e as religiões" (*A Missão do Redentor* 22).

Ao afirmarmos a ação do Espírito Santo em todas as tradições culturais e religiosas, temos que aceitar ser essa mesma ação *diversamente* recebida, expressa e praticada por aqueles que vivem em seu interior, pois eles entendem e tematizam tal ação salvífica com a linguagem *disponível* e a exercem com ações *correspondentes* a seu contexto sociocultural e religioso.

Não negamos que as tradições religiosas ao longo da história apresentem também distorções, fanatismos, erros, superstições, ações desumanas, violências e injustiças. Nem mesmo o cristianismo escapou de toda censura nesse particular. Portanto, não se trata de acolher de antemão e reconhecer o valor salvífico de tudo o que elas apresentam. No contato entre culturas e religiões diversas, certamente acontecerá não só uma evangelização das culturas como também um enriquecimento mútuo, seja por alargarem (e mesmo corrigirem em alguns pontos) o respectivo horizonte de compreensão a partir de outras culturas e religiões, seja por juntas colaborarem e denunciarem a ilusão de uma humanidade feliz, emancipada de qualquer referência a uma realidade transcendente.

Por outro lado, o cuidado com o semelhante, o amor ao próximo, as iniciativas em favor dos demais, especialmente dos mais necessitados, não são privilégio do cristianismo, já que as encontramos também em adeptos de outras religiões e mesmo entre aqueles que rejeitam qualquer credo religioso. Em outras palavras, a conduta cristã mais central pode estar (e está realmente) sendo praticada e vivida também por membros de outras religiões e até por pessoas alheias ou contrárias a qualquer tradição religiosa.

Consequentemente muitos outros, e não apenas os cristãos, estão empenhados na construção de uma sociedade mais justa, menos desigual, menos individualista, menos indiferente ao sofrimento alheio, em prol de um *autêntico humanismo*, já patente nas pregações e nas ações de Jesus Cristo. Esse fato provoca uma questão crucial ao próprio cristianismo: afinal, que *sentido* ele ainda tem, já que outras instâncias ou outras pessoas não cristãs estão igualmente levando a cabo seu próprio objetivo? Como ele se justifica diante da sociedade?

Poderíamos expressar essa mesma questão não vendo por que uma realidade já íntima e profundamente cristã em si mesma, já que criada voltada para Cristo e dinamizada pelo Espírito de Cristo, e, portanto, não sendo uma realidade neutra ou profana, ainda necessita ser "batizada" pelo cristianismo. No fundo estamos nos perguntando pelo *sentido* do próprio cristianismo na sociedade e por sua *missão* na humanidade.

Em outras palavras, estamos a nos perguntar pelo significado do cristianismo na humanidade, já que o Espírito Santo impulsiona *todos* os seres humanos a viverem a caridade, a trabalharem por uma sociedade justa e fraterna, a construírem um verdadeiro humanismo, como pretendia Deus ao criar o ser humano, tal como aparece na missão de Cristo pelo Reino de Deus, antes que a tradição o tenha espiritualizado e remetido para a outra vida. É o que veremos no próximo capítulo.

3. SENTIDO E MISSÃO DO CRISTIANISMO HOJE

O cristianismo pode ser caracterizado, de modo geral a ser explicitado posteriormente, como a sedimentação na história da atuação de Deus em vista da salvação da humanidade. Essa ação de Deus, por ser de Deus, que é mistério, necessita se fazer visível por seus efeitos, a saber, inspirações, expressões, eventos, celebrações, crenças, padrões de comportamento, valores etc. Tais efeitos, enquanto realidades humanas, podem receber compreensões meramente humanas ou, como se afirma hoje, leituras apenas imanentes. Elas só se mostram como *ações divinas* quando captadas no interior da fé cristã, que lhes oferece a chave interpretativa adequada que desvenda seu sentido.

Nesse sentido, a Bíblia não é apenas a história de um povo, pois apresenta fatos e pessoas já consideradas em uma *perspectiva de fé*; portanto, constitui a sedimentação histórica dessa fé. Qualquer outra óptica de leitura, embora possível, não alcançaria seu sentido. Como veremos, esse é um dos grandes problemas enfrentado pelo cristianismo em nossos dias: a sociedade secularizada carece desse indispensável olhar a partir da fé.

Somente a fé ilumina o sentido do cristianismo, igualmente o de Israel, que é ser o Povo de Deus para levar aos demais povos o projeto de Deus para toda a humanidade, caracterizado por Jesus como o *Reino de Deus*. Sendo assim, o significado último do cristianismo é ser instrumento de Deus para a ampla missão de constituir toda a humanidade como a família de Deus, sendo todos irmãos e irmãs, filhos do mesmo Pai, vivendo o amor fraterno e constituindo a nova humanidade. Essa meta de humanizar a sociedade acontece em um processo no *interior da história*, mas que só será plenamente realizada na vida eterna em Deus. *Já* está acontecendo, mas *ainda* não plenamente.

Não se trata, portanto, nem de mera *utopia*, que jamais será realizada, nem de meta a ser atingida pelo próprio ser humano através de ideologias ou de poder, cujos fracassos a história passada nos apresenta, embora constitua sempre o *estímulo* maior para o progresso humano. Isso porque ninguém vive sem continuamente perscrutar o futuro.

Entretanto, a *esperança cristã* do advento do Reino de Deus é única e original. Não se trata de um sonho distante, já que tem um início bem concreto no interior da história, mobilizando os seres humanos a lutarem por uma sociedade justa e fraterna, conscientes da inevitável convivência do joio e do trigo, dos maus e dos bons, na história humana (Mt 13,24-30).

Em uma época que sofre a ausência de um sentido para a vida, que faz muitos viverem um vazio existencial na angústia e na depressão, agravado pelo individualismo, pela pandemia, pelo imperativo da produtividade, pela manipulação midiática, pelo agravamento das desigualdades, a mensagem cristã do Reino de Deus, embora diga respeito a um "além" da história, fornece *sentido* ao hoje da história. O cristão sabe que o Reino de Deus é objeto de esperança, mas de uma esperança *ativa*, vigilante, realista.

Nessa perspectiva, Jesus Cristo aparece como a *revelação do Pai*, como seu sinal visível na história, como seu sacramento. Ele nos revela não somente quem é Deus e como ele se comporta conosco, como também seu projeto para a humanidade. Ele nos oferece uma visão cristã da história, o sentido último da humanidade, as bases para a construção de uma sociedade fraterna.

Por outro lado, o ser humano naturalmente cria *símbolos* para expressar realidades não claramente visíveis: sentimentos, convicções, crenças, estados de alma etc. Como já observamos anteriormente, toda a função do símbolo é remeter ao que ele significa, é caminho para a meta, devendo ser ultrapassado em função da realidade que representa.

O cristianismo aparece assim como a realidade simbólica (sacramental) do projeto de Deus para a humanidade, comunicando ao longo da história a revelação de Deus trazida por Jesus Cristo, imagem do Pai. Embora a atuação salvífica de Deus possa acontecer (e de fato acontece) fora do cristianismo, como vimos anteriormente, a *missão* do cristianismo permanece válida e necessária.

Tanto a configuração visível do cristianismo quanto seu lugar e sua missão na sociedade sofreram e continuarão sofrendo *transformações* ao longo da história pela simples razão de que seus membros vivem etapas diversas da história humana, são filhos de sua época, de seu contexto sociocultural, sujeitos aos desafios próprios do tempo. Querer manter intocadas características do passado diante de novos cenários históricos significa tornar o cristianismo impenetrável à sociedade e ineficaz em sua missão.

O que vimos anteriormente, que reflete a atual consciência de fé expressa na reflexão teológica, oferece já a fundamentação requerida para uma *nova face* do cristianismo. O fim da era da *cristandade* significa o fim de um cristianismo dotado de poder, de privilégios, reconhecido e aceito pelos diversos setores da sociedade, desempenhando uma função educativa na mesma através de sua visão da realidade e de seus valores. E como detinha a verdade última do mundo e da humanidade, devia comunicá-la aos *demais* povos e culturas do planeta por meio da evangelização.

Hoje vivemos em uma sociedade pluralista, emancipada de qualquer tutela religiosa, secularizada em seus mais diversos ambientes e setores vitais por não apresentarem nenhuma referência explícita a uma realidade que a transcenda. Esse fato traz sérias consequências para a tarefa missionária do cristianismo, que é, afinal, sua razão de existir, pois, a visão cristã do mundo outrora presente na sociedade ocidental como uma abóboda conhecida, aceita e respeitada por todos, é hoje ignorada por alguns, deturpada por outros ou simplesmente ausente no espaço público. Consequentemente, a linguagem cristã já não é mais universal por ser incompreendida por muitos, até mesmo entre cristãos.

Por *linguagem* entendemos aqui todos os meios de expressar (sinais) a vida e a mensagem de Jesus Cristo, sejam as pregações, as celebrações sacramentais ou não, as práticas e condutas correspondentes, as modalidades institucionais das comunidades cristãs que, inevitavelmente, também contêm as características culturais e sociais de cada época respectiva. O cristianismo que afirma que Deus se encarnou implica necessariamente que Deus se inculturou. Conhecemos bem a tarefa dos peritos em traduzir para hoje a linguagem bíblica. O mesmo vale para o cristianismo, que deve evoluir para poder levar a cabo sua missão na sociedade.

Não podemos oferecer um *quadro perfeito* e acabado do cristianismo futuro, devido ao grande número de fatores em jogo: contextos socioculturais diversos, gerações e mentalidades diferentes entre os cristãos, impacto de novas questões provindas das ciências e das técnicas modernas, novas ameaças ao futuro da humanidade de cunho ecológico, econômico ou cultural, só para citar alguns desses fatores.

Entretanto, a partir do que vimos no capítulo anterior, podemos apontar algumas *características* que deverão configurar esse cristianismo futuro, para que ele manifeste seu *sentido* e desempenhe sua *missão*. Primeiramente examinaremos o cristianismo *em si mesmo* e só posteriormente abordaremos sua relação com o poder civil, com outras religiões e com a construção de uma sociedade realmente humana.

A primeira característica a ser enfatizada no cristianismo futuro está na recuperação da *fé realmente vivida* e não apenas professada, celebrada e moralizada. Vimos como essa falha, que gerou uma pastoral sacramentalista no passado, se mostra ineficaz para as novas gerações que não a aceitam simplesmente porque não mais entendem os sacramentos como sinais que remetem para além de si próprios.

Julgam-nos como formalidades e ritos sem muito sentido, devido em grande parte à linguagem que eles apresentam, praticamente desconhecida para nossos contemporâneos.

A importância dos sinais externos no cristianismo é evidente, mas a serviço de outra realidade mais importante, a saber, da própria *vivência da fé* apontada, expressa e estimulada por toda sua estrutura sacramental. O vivido é mais fundamental do que o expresso, como podemos aprender do próprio Jesus Cristo.

Isso porque, certamente, para Jesus Cristo, a *vivência real do amor fraterno* constituía o centro de sua pregação do Reino de Deus. Esta afirmação se comprova por sua própria história em favor dos necessitados de seu tempo. Sua pregação já era uma ação em prol da vida, ao defender não só relações justas entre todos como também relações gratuitas, misericordiosas e generosas entre os seres humanos. Sua pregação já era uma ação efetiva, motivadora, geradora de convicções e de compromissos, valorizada pelo seu testemunho pessoal, pela sua coerência de vida com o que pregava, apesar de todas as resistências, incompreensões e perseguições que teve de suportar.

Seus discípulos foram por ele chamados não a aprender uma doutrina a ser comunicada posteriormente, mas a partilhar concretamente o seu *modo de vida*, pois o que deviam comunicar aos demais sobre Jesus Cristo não se encontrava desvinculado da vida que abraçaram em seguimento do Mestre de Nazaré, como demonstram as perseguições, os sofrimentos e até o martírio que sofreram. Uma pedagogia bem diferente da dos rabinos na formação de seus discípulos.

E os Evangelhos abundantemente nos relatam a insistência de Jesus para que seus seguidores *vivam* realmente o que professam. Os textos são muitos. Podemos citar alguns, como os que falam sobre: a árvore boa que se mostra como tal por seus frutos (Mt 7,15-20); que não basta dizer: "Senhor, Senhor" (Mt 7,21-23); quem é a família de Jesus (Mt 12,49s); a resposta aos enviados de João Batista (Mt 11,2-6); a reação dos dois filhos (Mt 21,28-32); e a significativa parábola do bom samaritano (Lc 10,29-37), na qual o fator decisivo no juízo de Jesus foi a ação concreta em favor do ferido à beira do caminho.

Na mesma linha se insere a cena do juízo final (Mt 25,31-46), na qual o critério salvífico fundamental está no *comportamento* de cada um com relação a seu próximo em necessidade. E não há nenhuma só palavra sobre expressões ou práticas de cunho religioso, confirmando mais uma vez que as mesmas estão a serviço de ações humanitárias que comprovem a autenticidade do amor fraterno. De fato, todo seu sentido é iluminar, estimular, motivar e favorecer que se transformem em vida as verdades em que se acredita.

Como judeu educado na religião de sua família, Jesus se situa no interior dessa herança religiosa, mas a aperfeiçoa em vista de relacionamentos humanos mais fraternos (Mt 5,1-48). Certamente, ao longo de sua existência, ele se preocupou mais com as *pessoas* à sua volta do que com as normas religiosas, pois estas últimas eram relativizadas quando confrontadas com pessoas em necessidade (Lc 6,6-11). Jesus revelava Deus, falava de seu Pai, sem recorrer a uma linguagem religiosa, mas sabendo utilizar a realidade cotidiana, como aparece em suas parábolas. Tal como se concebia a religião naquele tempo, certamente Jesus não foi um homem muito religioso, mas que viveu levando vida aos demais (Jo 10,10).

Sem negar a necessidade de catecismos e de exposições doutrinais que salvaguardem a *identidade do cristianismo*, julgamos que a *evangelização futura* deva começar a partir da *vida*. Se o decisivo no seguimento de Jesus é o amor fraterno, então é a partir daí que a criança, ou mesmo o adulto, deve fazer experiências de doação de si aos demais, pois só assim aprenderá não só o que significa viver a fé como também como é bom ajudar os outros. Trata-se de uma autêntica *experiência* da ação do Espírito Santo, acolhida e traduzida em ato.

A tradição ocidental do cristianismo pouco enfatizou a ação do *Espírito Santo* na vida dos fiéis. Daí sua insistência na observância de normas morais e jurídicas ou na recepção de sacramentos que, mesmo tendo sua razão de ser, relegaram para segundo plano a caridade fraterna realmente vivida, obra do Espírito Santo em nós (Gl 5,22).

Consequentemente, diminuiu muito a *liberdade do cristão* diante da lei tal como Paulo a defendia em suas cartas. "Onde está o Espírito do Senhor, aí está a liberdade" (2Cor 3,17), ou ainda: "É para a liberdade que Cristo nos libertou" (Gl 5,1). E como o Espírito impulsiona para a caridade (Gl 5,22), se deveria valorizar mais as ações em favor do próximo, sobretudo do mais necessitado, quaisquer que elas sejam e quaisquer que sejam seus autores, e reconhecer que iniciativas pelo bem comum, pela justiça, pela diminuição de sofrimento, mesmo provindas de outras motivações, são, afinal, iniciativas cristãs, resultantes do Espírito cuja ação é universal.

A liberdade que proporciona o Espírito Santo ao cristão refuta uma vida cristã limitada apenas ao cumprimento de normas e de preceitos. No passado tais normas eram decretadas sem ter em consideração a pessoa concreta com seus condicionamentos psicológicos, sociológicos ou culturais. Não se respeitava a consciência individual, a inevitável evolução pessoal na vida moral, enfim, a ação única do Espírito Santo em cada um. As autoridades não devem substituir as consciências, mas formá-las, como expressa o Papa Francisco.

Isso porque o Espírito Santo também ilumina, atrai, orienta e induz o cristão a resoluções e ações não decorrentes de normas prévias, mas originadas da experiência pessoal do atuar desse mesmo Espírito Santo, como aparece frequentemente nas vidas dos santos e das santas. Naturalmente não se dispensa um *discernimento* dessa ação pelo perigo de enganos e de desvios, como já recomendava São Paulo (1Ts 5,21). Somos cristãos à medida que seguimos a ação do Espírito Santo em nós (Gl 5,25).

Portanto, a iniciação cristã deveria ser *mistagógica*, sem separar a experiência espiritual da formação doutrinal, mesmo que exija bastante mais dos responsáveis pela proclamação da Palavra de Deus. As palavras hoje estão muito desvalorizadas, seja pelo excesso de informações, pela facilidade de emitir opiniões, pela falsidade das afirmações, pela espantosa difusão através dos modernos meios de comunicação social. Ao lado de muitas outras que as contradizem, deformam ou enfraquecem, elas nem sempre conseguem prender a atenção e atingir o coração de nossos contemporâneos.

Vivemos dias de enorme pluralismo cultural, de verdadeira feira livre de opiniões, de espantosa diversidade de discursos, que muito dificultam chegarmos a certezas tranquilizadoras ou a sólidas convicções pessoais. Confiamos mais no que provém de nossa *experiência pessoal*, afirmação esta que vale também para nossa fé em Deus. Quando experimentamos a ação do Espírito Santo em nós, que nos leva a Cristo e daí ao Pai, então cremos em Deus porque o *experimentamos* em nossa vida. É mais importante a ação de Deus experimentada do que as expressões posteriores por nós elaboradas.

Consequentemente em nossos dias ganha grande significado o *testemunho da fé vivida*, que se destaca em meio à platitude da vida fechada em si mesma, voltada para satisfações imediatas, seduzida pelo consumismo, tentada pela depressão e presa da ansiedade por lhe faltar sentido. Contrapondo-se a esse cenário deprimente, o cristão se mostra alguém *diferente*, apresenta uma alternativa de vida, conquista pela sua coerência; fator importante para a missão do cristianismo na sociedade. Palavras movem, exemplos arrastam, diziam os antigos.

Voltamos hoje à situação do cristianismo nascente, quando o *estilo de vida* dos primeiros cristãos atraía seus contemporâneos a participarem de suas comunidades e se converterem a Jesus Cristo. O necessário ensinamento doutrinal acompanhava, iluminava e fortalecia uma experiência já em curso. Não era apenas doutrina.

No cristianismo que tem na missão sua razão de ser e que, portanto, faz de cada cristão um missionário, a evangelização futura se dará mais pelo *contato direto*, informal, simples, mais próximo do querigma primitivo, livre de arrazoados teóricos e profundos. O *exemplo de vida* dos pais, dos educadores, dos colegas ganha enorme valor sacramental ao tornar visível a ação salvífica de Deus, o estilo de vida proclamado por Jesus Cristo.

Uma pastoral voltada para a experiência pessoal deverá se concretizar nas paróquias, com ofertas de momentos de oração pessoal, de silêncio, de adoração, de retiros e de ações pelos mais necessitados que gestem não só experiências gratificantes como também resultem em uma *fé mais pessoal* e dialógica no relacionamento com Deus. Tais momentos poderão ser conduzidos por leigos e por leigas formados e capacitados para essa pastoral.

Igualmente as paróquias deveriam incentivar iniciativas assistenciais ou humanitárias a serem empreendidas pelos fiéis leigos e leigas. Desse modo, o cristianismo futuro ganhará maior *significado* na sociedade, não tanto por seus sinais sagrados (Palavra, Sacramento, Comunidade), mas por ações de ajuda ao próximo, sobretudo no cuidado e na assistência aos mais fracos e desvalorizados desta sociedade.

O sagrado cristão está no amor fraterno vivido, como vimos anteriormente, que não só permite uma experiência de Deus para o cristão como também assinala para os demais a ação vitoriosa do Espírito Santo, que nos impele ao nosso semelhante. Uma ação gratuita e desinteressada pelo outro, livre de qualquer outra motivação, rompe a lógica comum do "dar para receber", aponta para Deus, como, por exemplo, comprovou a repercussão mundial que teve a vida de Teresa de Calcutá. O sagrado cristão está nas relações humanas; aí se encontra Deus, aí se acolhe a ação do Espírito Santo, que nos estimula a realizar ações humanizantes.

A *experiência do amor* constitui a melhor linguagem para se falar de Deus, pois Deus é relação trinitária, é doação mútua, é amor (apesar do desgaste deste termo em nossos dias). Experimentam-na os esposos, os pais, os amigos. Aí se encontra o Espírito Santo, aí se encontra Deus. Façamos como Jesus, que falava do Pai sem recorrer a uma linguagem religiosa.

As numerosas ações de ajuda aos necessitados por ocasião da pandemia do coronavírus, vindas de muitas pessoas afastadas da prática religiosa e na contramão de uma sociedade individualista, demonstra a *presença atuante* de Deus em nossos dias. Mesmo sem expressar explicitamente, muitos viram nos desempregados e nos famintos seus próprios irmãos, membros da grande família humana, filhos do mesmo Pai.

O cristianismo futuro realizará melhor seu sentido e sua missão na sociedade ao se mostrar mais *sóbrio* nas celebrações e nos eventos que nem sempre levam ao compromisso com o próximo, qualquer que ele seja, mas que servem mais para satisfazer necessidades pessoais, pacificar consciências ou cultuar devoções tradicionais. Será menos ostensivo e mais autêntico, despojado de poder e de privilégios, como experimentou em seus primeiros anos.

A *religiosidade popular* permanece uma riqueza para o cristianismo, pois a fé dos mais simples rompe a abóboda fechada da cultura secularizada, já que confia fortemente em Deus, sente sua presença, invoca-o espontaneamente, embora suas expressões e práticas possam receber reparos. Enfrentando situações extremas e carentes de recursos humanos, eles apelam sinceramente pela ajuda de Deus, de Nossa Senhora, ou mesmo dos santos de sua devoção. Também já se observou que, em situações dramáticas e urgentes, são os pobres que se mostram mais solícitos, generosos e solidários.

Entretanto, o cristianismo tradicional, qualquer que seja a classe social em que se encontre, existe sempre no interior de um *imaginário religioso*, determinado por uma compreensão literal dos textos bíblicos, hoje fortemente desconstruída pelos biblistas ou mesmo pela cultura secularizada. Sabemos que um quadro interpretativo não se deixa substituir por outro em pouco tempo, sobretudo por parte das gerações que nele viveram sua fé. Embora caminhemos para um cristianismo mais sóbrio e menos imaginoso, as tradicionais mediações da fé pessoal deverão ser respeitadas pela pastoral futura.

Seja observado que a *linguagem mítica* estará sempre presente no cristianismo, pois este tenta balbuciar o mistério de Deus que jamais será contido e definido em uma linguagem conceitual ao nosso alcance. Esse mistério de Deus reflui para os demais mistérios da fé cristã, cuja realidade virá inevitavelmente expressa no mito. Por não estar limitado ao conceito, o mito apresenta uma maior riqueza semântica, mais evocada do que subjugada pela razão. Deve-se, isso sim, chegar ao *sentido* que o mito procura mediatizar, como se faz com o relato bíblico da criação do mundo.

Fomentar a caridade fraterna significa promover relações humanas autênticas, gratuitas, gratificantes, que justificam a existência de uma *comunidade cristã*. Podemos mesmo afirmar que, quanto mais humana, mais cristã. Pressuposto primeiro é o empenho de seus membros em viver a caridade com os demais, mas também é condição importante um *número limitado* de membros que possibilite o conhecimento mútuo, a confiança recíproca e a ajuda na necessidade. Certamente foi um erro a desconfiança das autoridades eclesiásticas com relação às Comunidades Eclesiais de Base, sem dúvida uma das causas do crescente êxodo de muitos para comunidades pentecostais.

A humanidade alcançou um importante patamar em sua história, quando introduziu a *democracia* como modalidade da vida e da organização social. Há hoje uma clara consciência de que todos os membros da sociedade devam poder participar de sua organização, de seus objetivos e dos meios a serem empregados para tal. Todos querem ter voz e vez no que atinge sua própria vida concreta.

Sabemos que nas primeiras comunidades cristãs, tanto nas decisões doutrinais quanto na nomeação de seus pastores, todos tinham participação ativa, de tal modo que uma nomeação era nula caso fosse rejeitada pela comunidade. Vivia-se na prática, embora em graus diversos segundo os lugares, o que hoje denominamos a *sinodalidade eclesial*. Naturalmente as comunidades eram menores do que as nossas, fato que facilitava a participação de todos.

Posteriormente, como já vimos, o clero ganhou um *status* superior e a maioria do Povo de Deus passou a ser, com algumas exceções, uma enorme massa passiva e o próprio cristianismo apenas mais um fator cultural da sociedade de então.

Essa situação perdurou por séculos, reforçada por várias causas: a melhor formação do clero, o embate entre o cristianismo (Igreja) e o poder civil, a divisão entre setor sagrado e profano da existência, a influência de sacerdotes zelosos e edificantes, o suporte jurídico por parte do direito canônico. Desse modo, os carismas a serem partilhados pelos membros da comunidade se *concentraram* todos na pessoa do sacerdote. Entretanto, mais recentemente, a pressão por parte de uma sociedade mais participativa, a diminuição das vocações para o presbitério e um melhor conhecimento do cristianismo primitivo levaram o Concílio Vaticano II a procurar recuperar o *protagonismo* do laicato na Igreja, vista como o Povo de Deus.

Entretanto, a *maioridade do laicato*, fator decisivo para um cristianismo sinodal, constitui um processo longo e trabalhoso devido à inércia provinda de séculos de domínio clerical. O primeiro passo deveria ser animar leigos e leigas a se manifestarem e, simultaneamente, saber *escutá-los*. Certamente o vasto campo da sociedade civil constitui o setor onde podem atuar, mas também devem ser ativos no interior da comunidade, e não só do ponto de vista consultivo como também deliberativo; sem dúvida, uma questão que se impõe, embora seja mais complexa.

Concretamente, esse fato pode significar o fim daquela grande massa de cristãos passivos, limitados à recepção de alguns sacramentos, distantes de uma prática cristã em seu cotidiano e, consequentemente, avessos e resistentes a qualquer *compromisso com a comunidade*. O individualismo atual atinge também a esfera religiosa. Naturalmente essa nova figura do cristão talvez acarrete uma diminuição numérica nos quadros do cristianismo, mas certamente trará um ganho *qualitativo* para o mesmo. Ser cristão não se limita a buscar salvar sua alma, mas a colaborar ativamente na missão de Jesus Cristo.

A emergência do laicato no cristianismo implicará um novo tipo de *clero*. Não mais aquele que se separa dos demais membros da comunidade, dotado de uma formação teológica e espiritual específica, mas longe do cotidiano das pessoas, distante da luta diária de seus contemporâneos, desconhecedor da complexa realidade social, temeroso de se defrontar com a mesma, recorrendo a vestes e celebrações do passado para compensar a perda do *status* social do presente, resistente às urgentes transformações exigidas pela mudança de época em curso, tradicionalista nostálgico para esconder sua própria insegurança existencial.

Os futuros pastores serão menos clericais e mais próximos a suas ovelhas, não serão separados, mas integrados na vida real das pessoas, delas aprendendo não só as questões a serem vistas à luz da fé como também a própria linguagem, para tratá-las na pregação. Certamente a instituição clássica do seminário, proveniente do Concílio de Trento, encontra-se hoje seriamente questionada, exigindo novos estilos de *formação presbiteral*.

Houve certamente uma *sacralização* do sacerdote e uma exaltação de sua função na comunidade, já que é alguém dotado do carisma da direção, da presidência, da coordenação dos demais carismas. Porém, é também membro da comunidade e a serviço dessa mesma comunidade. Só assim se poderá evitar certa consciência de superioridade que leva à busca de poder e de privilégios, favorecendo o carreirismo eclesiástico e deformando sua missão de servir a comunidade.

A participação ativa do laicato, que poderá se encarregar de tarefas de cunho mais administrativo ou mesmo pastoral, como da preparação para receber sacramentos, deixará ao sacerdote mais tempo e maior liberdade para sua missão própria de *pastor*. Não absorver todos os carismas, mas saber orientá-los como lhe compete enquanto autoridade na comunidade (carisma da direção).

Por sua vez, os leigos e as leigas poderão ser mais *criativos e inovadores*, contribuindo com uma linguagem mais acessível a seus contemporâneos e com novas modalidades de convivência comunitária e ação apostólica. Poderão com todo direito formar grupos de oração, de vivência, de partilha, de evangelização, de ajuda solidária ou de reflexão em seu campo profissional. Estarão, desse modo, presentes e atuantes em uma sociedade secularizada, avessa ao religioso tradicional, mas igualmente sedenta de orientação e de sentido.

Em síntese, o cristianismo tem seu *sentido* e sua *missão* na sociedade ao levar adiante na história o mesmo objetivo da vida de Jesus Cristo: proclamar e realizar o Reino de Deus. Significa, pois, acolher e realizar o projeto de Deus (ou a vontade de Deus) para a humanidade, a saber, promover uma sociedade fundada no amor fraterno e na justiça, embora incipiente e imperfeita como qualquer realização histórica, mas já antecipando a humanidade feliz na vida eterna em Deus.

Em uma sociedade dominada pelo fator econômico, na qual as vidas humanas significam pouco, o sentido e a missão do cristianismo é a de lutar por uma sociedade fraterna e feliz, iluminado pela vida e pela pregação de Jesus Cristo e movido pela atuação do Espírito Santo.

A esperança faz parte da existência humana, pois ninguém vive sem apostar razoavelmente no futuro. A esperança cristã, embora diga respeito a um "além da história", estimula e promove a luta contra a injustiça e o sofrimento, pois é uma esperança comprometida com o Reino de Deus e ativa em sua realização.

4. UM CRISTIANISMO EM CONSTRUÇÃO

S em dúvida nos é difícil imaginar um cristianismo diferente do que foi durante mais de um milênio. Embora seu relacionamento com o poder civil tenha apresentado momentos de tensões e de choques, episódios de enaltecimento e de humilhação, épocas de paz e de hostilidade, ele sempre gozou de uma influência hegemônica na sociedade ocidental, que só nos últimos séculos se viu questionada.

De fato, a época da *cristandade* marca nosso imaginário cristão, dificultando-nos pensar o cristianismo de modo diferente. Sabemos que, em um passado recente, a Igreja claramente resistiu às novas descobertas da ciência, às novas organizações políticas e sociais, às novas liberdades de pensamento, condenando as novidades e refugiando-se na filosofia medieval e nos redutos de cristandade, como eram as instituições católicas (escolas, universidades, hospitais, asilos).

Sem dúvida nenhuma, o cristianismo desempenhou importante papel de *educador* dos povos que hoje constituem a Europa. Ainda hoje, qualquer estudioso que tenha um juízo objetivo sobre a história do Ocidente reconhece a decisiva influência da visão cristã e de seus valores na formação do continente europeu e, através dele, das outras regiões do mundo. Pode-se mesmo rejeitar o cristianismo, mas não se pode negar que exatamente nele se encontram os fundamentos de valores hoje aceitos na sociedade.

Podemos mesmo afirmar que o cristianismo fornecia a uma sociedade já bem diversificada pelas classes sociais, profissões, línguas e culturas uma mesma abóboda como fator universal sempre presente no cotidiano das pessoas. Este fato conferia ao cristianismo uma autoridade na sociedade, baseada não nas riquezas ou nas armas, mas simplesmente no *valor simbólico* inerente a suas doutrinas, a suas diretrizes e a seus dirigentes.

Todo esse quadro muda com o advento da sociedade moderna, pluralista e secularizada. De abóbada, o cristianismo passa a ser apenas um *setor da sociedade*, liberando os demais de sua tutela. Gozando cada um deles de conteúdos e normas próprias, bastam a si mesmos, sejam eles os setores da ciência, da política, da economia ou da organização social. Constituem setores da sociedade que prescindem da fé cristã, mesmo que não a hostilizem: são âmbitos *secularizados*.

Observemos, entretanto, que as principais características da modernidade devem sua existência ao cristianismo. O ensinamento moral de Jesus e sua luta pelo Reino de Deus influirão decisivamente para mudanças históricas e conquistas importantes da humanidade: Revolução Francesa, aspirações socialistas, direitos humanos, dignidade da mulher, noção de liberdade, construção de uma sociedade democrática. Expressas em uma linguagem não religiosa, por ironia da história, foram combatidas pela Igreja em um passado recente, embora atualmente já acolhidas desde o Concílio Vaticano II.

Hoje experimentamos um *humanismo* sem Deus, *fechado*, imanente, mas em seu bojo estão os valores provenientes do cristianismo. Mais do que ficar se lamentando, compete ao cristianismo não só apontar as raízes cristãs desses valores como também utilizar a *linguagem* dessa cultura secularizada para dela fazer emergir a oculta referência a Deus, presente em seu fundamento.

Em uma palavra: evangelizar a cultura secularizada *a partir dela própria*. Primeiramente a partir das lacunas, das insatisfações, dos anseios, das frustações nela presentes, devido à omissão da referência a Deus, sentido último da vida humana. E igualmente a partir de seus valores, iniciativas, ações humanizantes, mas que explicitamente não apresentam referência nenhuma de cunho religioso.

Há muita gente buscando o *sentido da vida*, do sofrimento, da morte, da felicidade que a sociedade da produtividade e do lucro não oferece. Cabe ao cristianismo empregar uma linguagem que possa ser compreendida, que demonstre que evangelizar significa também humanizar, lutar por uma nova sociedade fraterna, em consonância com a mensagem do Reino de Deus.

Talvez aqui devamos distinguir entre o "crístico", presente e atuante em muitos dos nossos contemporâneos, e o propriamente "cristão", mais limitado aos que aceitaram explicitamente o núcleo do Evangelho, o qual transcende o âmbito do "religioso", como o próprio Jesus Cristo deixou claro (Mt 25,31-46). Sendo assim, a evangelização poderia e deveria partir da *experiência* de fazer o bem, de cuidar do semelhante em necessidade, pois aí Deus está presente e atuante, embora silenciado na atual cultura.

Jesus sempre se impressionou com o comportamento daqueles que o buscavam não para si próprios, mas para outros em necessidade. Então, realizava o que eles pediam, fossem eles um oficial romano (Mt 8,5-13), uma mulher cananeia (Mt 15,21-28), um leproso agradecido (Lc 17,11-19) ou os que carregavam um paralítico (Lc 5,17-26), e ainda elogiava a fé que demonstravam em sua pessoa. Como se explica isso senão que seguiam a ação do Espírito Santo, que os levava a cuidar de outros; ação essa tão bem descrita pelo apóstolo Paulo (Gl 5,22).

Em nossos dias, exemplos marcantes dessa visão cristã são as Encíclicas *Laudato Si'* e *Fratelli Tutti*, do Papa Francisco, que, em linguagem acessível, conseguem transmitir os valores evangélicos e a dimensão transcendente da vida humana, contribuindo, assim, para uma sociedade mais fraterna e justa, a saber, mais cristã e mais humana.

Diante da atual sociedade em processo de crescente secularização, o cristianismo deverá também se *configurar diversamente* daquele do passado. A começar pelo seu relacionamento com a *sociedade civil*. Ele perdeu sua condição de força hegemônica, mas segue com a missão de propagar e realizar o Reino de Deus, afinal, sua razão de ser. Só que o fará de modo diferente.

Certamente mais semelhante ao Mestre de Nazaré, que não impunha sua mensagem ou sua modalidade de vida, mas a *oferecia* aos que livremente o quisessem segui-lo. "Se alguém quiser vir em meu seguimento..." (Lc 9,23). Em meio à diversidade plural de discursos, informações, filosofias de vida, crenças, valores, leituras da realidade, o cristianismo *oferece* a sua mensagem, sem impor ou condenar os que não a aceitam.

Entretanto, essa oferta deve ser realmente *entendida* para poder ser aceita. Mais do que elevadas e profundas explicações, mais do que utilizar termos clássicos ininteligíveis para nossos contemporâneos, mais do que insistir em práticas tradicionais, sacramentais ou devocionais, é fundamental apresentar *Jesus Cristo*, sua história e sua vida, suas palavras e suas ações, seu projeto para a realização do Reino de Deus, sua proximidade aos pobres e aos sofridos, sua mensagem de esperança, seu imperativo maior da caridade. Infelizmente, alguns têm a impressão de que a Igreja representa mais um biombo que esconde do que uma vitrine que mostre a pessoa de Jesus. A pessoa e o projeto de Jesus Cristo gozam de uma força atrativa que está sendo pouco valorizada.

Trata-se de uma *oferta de sentido* em uma época de muitos discursos que se enfraquecem e se relativizam mutuamente, ou em uma cultura do entretenimento comercializado e interesseiro, que distrai, mas não sacia. Como poderão as novas gerações construir suas personalidades nesse bombardeio contínuo de imagens e apelos que fomentam o individualismo, presentes no mundo das mídias? Não estaria aqui uma das causas da ansiedade, da angústia, da depressão e até mesmo do suicídio que constatamos em muitos jovens? Porque, queira ou não, o ser humano não consegue viver feliz ignorando o *sentido de sua vida*.

Por não desfrutar do prestígio e do poder de outrora, o cristianismo se apresentará à sociedade pequeno, frágil, autêntico, ao se apoiar menos no poder civil e mais na força da Palavra de Deus e na atuação do Espírito Santo. Será um cristianismo mais *pobre* e mais *frágil* diante do grande público, embora sem renunciar aos meios necessários e atualizados para exercer sua missão, que é, afinal, sua razão de ser.

Pela maior participação do *laicato*, ele estará mais presente e atuante nas famílias, nos locais de trabalho, nos setores culturais, nos momentos de diversão e de descanso, enfim, na vida de cada dia. Mais que por ritos e celebrações, ele se mostrará real e efetivo pelo exercício da caridade, da solidariedade, da compaixão, do testemunho de vida.

Naturalmente a participação ativa do laicato na missão do cristianismo, embora urgente e justificada, irá exigir mudanças na organização da comunidade eclesial, na formação adequada dos novos quadros, na divisão de competências, certamente gerando uma nova configuração da comunidade cristã, até então muito centralizada na figura do ministro ordenado. Daí a desafiante tarefa de um *cristianismo sinodal*.

A atenção e a finalidade da atividade evangelizadora cristã mirarão menos a recepção dos sacramentos e mais o *exercício real do amor fraterno*, talvez menos visível que as celebrações, porém mais correspondente ao Evangelho e de maior impacto na sociedade. Certamente desse modo se diminuirá o lamentável fosso entre a fé professada e a fé vivida, entre cristãos de nome e cristãos de fato, permitindo que o cristianismo recupere sua força profética e transformadora.

Isso porque a vivência da caridade fraterna em uma sociedade profundamente desigual e injusta levará muitos cristãos a um *compromisso* mais efetivo por mudanças sociais, políticas e econômicas, opondo-se à atual corrente neoliberal, caracterizada pelo individualismo, pela eficácia e pela produtividade, na qual a gratuidade e a solidariedade não são valorizadas.

Em uma sociedade democrática, que permite a participação de todos em suas leis e diretrizes, qualquer *ato*

político, a começar pelo ato de votar, é também um ato moral e mesmo cristão, pois, ao incidir necessariamente na vida do próximo, constitui um ato de caridade fraterna de alcance mais amplo. A consciência social diante das escandalosas desigualdades atuais e a correspondente reação, qualquer que ela seja, na luta por mais justiça não poderão estar ausentes na vida do cristão, quaisquer que sejam suas modalidades, a partir dos contextos sociais respectivos.

Outra característica do cristianismo futuro é que ele será *multicultural*, a saber, expresso em diversas culturas, sem perder sua unidade, pois, em um passado ainda recente, se identificava unidade com uniformidade, desrespeitando tradições, culturas e convicções de outros povos. Caso mais patente se deu na liturgia, quando as missas eram todas celebradas em latim. Mas ainda hoje o problema continua, porque traduzir anáforas eucarísticas para o vernáculo ainda mantém o erro de identificar unidade com uniformidade. Embora traduzidas, elas não espelham as culturas locais e, portanto, permanecem ainda incompreendidas e obscuras.

Sabemos que o ser humano não se realiza como tal a não ser através de sua cultura, que lhe fornece linguagem, comportamentos, valores, relações sociais, sentido das realidades e dos eventos. Consequentemente também seu relacionamento com Deus acontecerá no interior de sua própria cultura, a saber, toda fé cristã professada e vivida deverá ser expressa e praticada em seu próprio contexto sociocultural.

No passado, a atividade missionária do cristianismo desconheceu essa verdade, embora tenham ocorrido honrosas exceções, infelizmente incompreendidas naquela época. Exportava-se a fé cristã já embalada em linguagens e práticas europeias que exigiam a entrada em outra cultura, no caso a ocidental, para se captar, entender e viver a fé cristã. Desse modo, o cristianismo era visto como uma religião de estrangeiros, que não respondia às indagações, práticas e aos ideais próprios da cultura local. O fracasso da missão cristã na Índia, depois de empregar grandes recursos humanos e financeiros, comprova nossa afirmação.

A necessidade urgente da inculturação da fé é sem mais aceita hoje pelo cristianismo, embora seja de difícil e delicada realização. Mesmo a passagem da cultura semita da Bíblia para a cultura ocidental dos primeiros séculos do cristianismo apresentou tensões, desavenças, cismas e heresias, sem falar que jamais outra cultura conseguiria expressar toda a riqueza da cultura primeira. Há muita riqueza na cultura bíblica que se perde nas traduções posteriores, como bem sabem os biblistas.

Hoje é convicção geral que cada povo deve viver a fé cristã a partir da própria cultura. Esse fato provocará não só uma evangelização de certos elementos culturais que se opõem ao Evangelho como também oferecerá novas perspectivas de leitura do próprio Evangelho, já que despertadas e causadas por *inéditos* horizontes de compreensão presentes nessas culturas. Certamente haverá um enriquecimento do próprio cristianismo, tornando-o mais universal e igualmente fazendo aflorar verdades que ópticas tradicionais não conseguiam perceber.

Consequentemente, o protagonista principal da missão deverá ser o *nativo* do lugar. Trata-se de uma segunda evangelização que deverá ter em consideração não só a tradição recebida (diacronicamente) como também os cristianismos de outras regiões (sincronicamente), pois, afinal, trata-se da mesma fé cristã, embora expressa diversamente. Nessa tarefa, grande papel deverão desempenhar as Igrejas locais ou regionais, sempre em diálogo mútuo entre si e com a Igreja de Roma, embora se trate de uma tarefa complexa e ainda rejeitada por alguns, como se constatou no Sínodo da Amazônia.

Não podemos negar nesse contexto a *religiosidade popular* como um exemplo de fé inculturada, com decisiva referência a Deus e à sensibilidade pelo próximo, embora dotada de um imaginário simples, de práticas devocionais e de convicções questionáveis. A pastoral evangelizadora deverá ser muito cuidadosa e respeitar essa fé mais simples, sem deixar de conduzi-la a expressões e práticas mais condizentes com a mensagem cristã.

Sem negar a importância das exposições doutrinais, das confissões de fé, das celebrações dessa mesma fé, em meio a sua *diversidade*, julgo que o fator decisivo que une todas elas seja a ação do *mesmo Espírito Santo* (1Cor 12,13), que fundamenta sua comunhão (2Cor 13,13) e torna o amor fraterno o distintivo de uma comunidade cristã (Gl 5,25). "Onde o amor e a caridade, Deus aí está", já dizia um antigo hino.

Entretanto, a história do cristianismo em seu primeiro milênio atesta que se trata de uma tarefa bastante complexa, que exige tempo para se concretizar e que nunca se faz sem desvios e erros, como em todo empreendimento humano. Tempo e paciência são aqui necessários, mas certamente o *cristianismo plural* do futuro terá um aspecto diverso do nosso, mesmo consideradas as atuais diversidades nele já presentes.

O respeito ao multiculturalismo atinge também o interior das comunidades cristãs, compostas por membros de várias idades e gerações, classes sociais e atividades profissionais, desafiados e ameaçados diversamente pelo seu entorno vital. A vivência da fé, a coerência com o Batismo recebido, a linguagem cristã adequada, as celebrações sacramentais ou não, as ações decorrentes da fé professada, todas essas realidades podem apresentar características que sejam *adequadas* ao grupo concreto de cristãos; portanto, que lhe sejam próprias, transparentes, interessantes e interpelantes. Aqui se impõe o respeito mútuo entre os diversos grupos cristãos.

Isso porque, para todos nós, o cristianismo diversificado do futuro irá exigir um esforço extra de compreensão, paciência, espírito de fé, confiança no Espírito Santo, abandono de qualquer tradicionalismo ou entusiasmo infundado e discernimento para distinguir a verdade em invólucros novos (Mt 9,17). Decisivo nesta questão é o "sentido da fé" presente nos cristãos e a ser mais valorizado em um cristianismo sinodal.

Outro fator que causará modificação significativa no cristianismo futuro provém de sua nova atitude com relação às *demais religiões*. A preocupação em não se deixar "contaminar" com cultos estranhos, já fortemente presente no Antigo Testamento, explica a rejeição das múltiplas religiões em torno do cristianismo nascente, que preferiu dialogar com as filosofias do tempo.

No decorrer de sua história, o próprio cristianismo vai sofrer deturpações em sua mensagem, tentações desagregadoras, fanatismos mesmo, que o levará a uma atitude de defesa, a uma preocupação com a verdade revelada; em uma palavra, com a ortodoxia. Criou-se assim uma mentalidade de *desconfiança* com o diferente, uma atitude de pronta condenação, que teve seu apogeu na lamentável época da inquisição, embora ainda perdurasse nos séculos seguintes.

Acreditava-se que o cristianismo era o *destinatário único* da ação salvífica de Deus na história, o autêntico depositário de sua revelação, o Povo de Deus que levaria a salvação de Deus aos outros povos e religiões. Ele tinha a exclusividade da verdade salvífica revelada em Jesus Cristo. Portanto, sua meta missionária era trazer para seu seio os membros das demais religiões, sem maior interesse pelas mesmas.

Esse modo de considerar as demais religiões sofreu mudanças consideráveis pelo melhor conhecimento das outras religiões e pelos estudos teológicos do século passado, já confirmados nos textos do Concílio Vaticano II e completados por pronunciamentos posteriores do magistério eclesial, que reconhecem a *atuação do Espírito Santo* nas culturas e nas religiões da terra, fundamentando assim o que nelas se encontra em consonância com a própria fé cristã.

Esse progresso de compreensão das outras religiões foi fortemente favorecido pela prática do *diálogo inter--religioso*, pois dessa prática brotou maior conhecimento seja das riquezas presentes nessas tradições religiosas e da seriedade de vida de seus membros, seja de setores vitais pouco conhecidos do cristianismo e de novas modalidades de encarar a natureza, de cultuar os mortos, de cultivar o silêncio e a interioridade, seja, sobretudo, de novas possibilidades de leitura do patrimônio cristão, ao oferecerem outras ópticas além da costumeira perspectiva ocidental.

Naturalmente, esse novo quadro não exclui o imperativo, provindo do próprio Cristo, de levar a mensagem e a prática do Reino de Deus a todas as nações. Afinal, a missão constitui toda a razão de ser do cristianismo. E deve permanecer também no futuro, mas a partir dessa nova perspectiva hermenêutica.

Hoje já não se trata de missionar ou de batizar para salvar os pagãos da condenação eterna, como era a convicção comum na época de São Francisco Xavier. Desse modo, não se respeitava nem a cultura nativa nem as tradições religiosas que encontravam. O respeito às mesmas não exclui o anúncio da Palavra de Deus, não como uma obrigação a ser obedecida, mas como uma *oferta de sentido* para a vida, que cada um pode livremente acolher ou não. O imperativo missionário permanece, mas em nova modalidade, já que o cristianismo não é mais excludente, e sim *includente*.

Esse fato se reveste de grande importância em nossos dias, pois vivemos em uma sociedade marcada pela secularização, na qual Deus ou qualquer referência a uma *realidade transcendente* simplesmente desaparece da vida cotidiana. Embora o fenômeno se apresente em graus diversos conforme as regiões do planeta, ele deixa a humanidade sem uma referência fundamental para sua sobrevivência, que seja imune às pressões, às violências, às ideologias, aos preconceitos, às ambições humanas; enfim, que relativize o contingente por pretender constituir seu próprio fundamento.

Nesse sentido, desde que não dominadas pela intransigência, as religiões podem relativizar os projetos humanos, criticar os desmandos da política ou da economia, oferecer alternativas para uma sociedade sujeita ao consumismo, motivar as urgentes transformações sociais, animar os desesperados, contribuir para a paz no mundo.

Já vimos como proclamar e realizar o Reino de Deus, levar a salvação a toda humanidade, fazer a vontade do Pai, honrar seu nome, corresponder a seu desígnio primeiro com a criação significa, sem mais, construir a *sociedade alternativa* e constituir a *humanidade querida por Deus*, embora sua plenitude só aconteça na outra vida. O amor de Deus pelo ser humano, revelado nas palavras e nas ações de Jesus Cristo, quer a felicidade do mesmo e, para tal, a construção de uma sociedade fraterna onde reine a paz, a justiça, a colaboração mútua, o cuidado com os necessitados. Só então o ser humano poderá ser feliz, não mais ameaçado, marginalizado ou oprimido pelos mais poderosos.

Tarefa gigantesca a ser efetuada ao longo da história em um processo lento, por exigir mudança de mentalidade e ações transformadoras, por requisitar o imprescindível auxílio das ciências humanas, sociais e exatas, bem como por necessitar da coragem de protagonistas lúcidos e corajosos, dispostos a humanizar uma sociedade ainda muito desumana.

Sem dúvida, uma meta muito elevada, mas que traz *sentido* não só para a história humana como também para cada indivíduo nesta terra. A realização desse ideal, mesmo imperfeita, é acionada pelo imperativo do amor fraterno, que, como vimos, implica o amor a Deus, a realização de sua vontade. Como Deus é amor, é doação mútua, descentrado de si mesmo, assim deve ser sua criatura humana, se quiser tender para a finalidade de sua existência, se quiser participar da felicidade divina. O egocêntrico, que livremente contraria essa verdade, frustra sua existência e não consegue ser feliz.

Também, como já vimos, não podemos admitir no cristianismo uma separação entre o âmbito do profano e o do sagrado. Como toda realidade está dinamizada pelo Espírito Santo, como Deus é encontrado nas relações humanas gratuitas, então a missão do cristianismo na sociedade pode ser vista como um objetivo de *humanização*, já implícito no termo tradicional de "evangelização".

Portanto, humanizar a sociedade, as relações humanas, as normas de conduta, as leis civis, as instituições sociais, o mundo da cultura, da arte e da economia não significa ações neutras desprovidas de valor salvífico e cristão, mas exatamente o contrário. Afirmação muito importante para a *missão do cristianismo* em uma sociedade que apresenta uma *crescente secularização* a qual muito dificulta a compreensão, a aceitação e a realização da mensagem do Evangelho, expressa em uma linguagem religiosa tradicional, pouco compreendida, distante da vida ordinária e, portanto, ignorada e desvalorizada aos olhos de nossos contemporâneos. Desse modo se corrige a falha do passado de reduzir o cristianismo apenas ao *setor religioso* da vida, com as nefastas consequências comprovadas pela história.

Essa errônea mentalidade infelizmente entrou fortemente na consciência de muitos cristãos que se opõem a qualquer iniciativa do cristianismo na sociedade em prol da pessoa humana, sobretudo das mais desfavorecidas e carentes. Dizem que é misturar religião com política e que esse âmbito social deveria ser cuidado pelos peritos. Ignoram assim não só que os especialistas devem se nortear por valores éticos como também desconhecem a doutrina social da Igreja. E ainda demonstram ignorar o que foi a vida de Jesus Cristo, toda ela a cuidar dos mais pobres e marginalizados, toda ela manifestação do amor de Deus pelo ser humano acima de qualquer lei religiosa.

O que diz respeito ao ser humano, diz respeito à fé cristã, pois ela penetra todos os âmbitos da existência humana, já que ela significa, pensando bem, uma interpretação de *toda a realidade* a partir de Jesus Cristo, como bem compreendeu o Papa Francisco. O futuro do planeta é responsabilidade de todos, sobretudo dos cristãos, pois a destruição do hábitat humano atenta não só contra a natureza como também contra a vida, sobretudo dos mais pobres, como nos ensina a Encíclica *Laudato Si'*. Igualmente, em uma perspectiva cristã, todos os seres humanos são irmãos, filhos do mesmo Pai, fator que os une na diversidade própria de cada um, como nos ensina a Encíclica *Fratelli Tutti*.

Desse modo, a missão do cristianismo futuro será *mais ampla*, abrangendo qualquer setor da vida humana, também recorrendo a especialistas não cristãos comprometidos com a mesma causa, unindo-se a iniciativas humanizantes de terceiros, posicionando-se criticamente diante de tudo o que atenta contra a vida humana. Lutar por outra ordem econômica, assumir o desafio ecológico, promover a consciência social, incentivar ações humanitárias, denunciar o individualismo e o consumismo, anunciar o sentido da vida, tudo isso é profundamente cristão porque diz respeito ao ser humano.

O cristianismo desprovido de poder e mais acessível à sociedade, por dispensar sua exterioridade passada copiada das classes dominantes, nas vestes, nos títulos, no modo de vida de suas autoridades, em seus rituais e celebrações, ganha em simplicidade, mas não desaparece engolido pela tarefa da humanização. Isso porque é exatamente assim que ele oferece à sociedade o *fundamento* para o processo dessa humanização e revela simultaneamente o *desígnio divino* para a humanidade.

Ao deslocar o sagrado do âmbito religioso para o ser humano, como fez Jesus, o cristianismo futuro insistirá mais na caridade e no cuidado com o semelhante como fruto da ação do próprio *Espírito Santo*, percebido e sentido pelo cristão. Desse modo, a experiência afetiva, tão presente nas devoções tradicionais, também se mostrará na experiência gratificante de fazer o bem.

Entretanto, o cristianismo futuro irá se defrontar com outro sério desafio de cunho cultural. Trata-se da *cibercultura* ou da cultura virtual, transmitida pelos novos recursos da ciência e da técnica e hoje massivamente presente na sociedade. Ela significa a enorme produção de conhecimento, a profusão de informações, que influenciam decisivamente nossas vidas.

Um cristianismo que se justifica pela missão de propagar o projeto de Deus para humanidade não pode ignorar esse novo desafio, pois a eficácia comunicadora dessa cultura virtual supera a dos meios tradicionais de difusão da fé. Ao relativizarem tempo e espaço, tais meios de comunicação têm um alcance e uma penetração mais acessível, vasta e rápida. Mas não basta simplesmente deles fazer uso, mas também neles "habitar": viver, expressar e comunicar a fé cristã nessa cultura virtual.

No cotidiano dos nossos contemporâneos, o mundo real e o *mundo virtual* já se encontram juntos e mutuamente emaranhados, havendo mesmo o perigo de confusão entre a vida *off-line* e a vida *on-line*. Além disso, o "nosso mundo" de outrora não é o mesmo do de hoje, pois não mais podemos concebê-lo sem a presença do "mundo virtual" com suas redes, plataformas, linguagens e técnicas.

Sem dúvida, a facilidade de acesso à informação e a livre participação de qualquer um nas diversas questões em debate correspondem não só a uma organização social mais democrática do que rigidamente hierárquica como também a uma democracia mais direta do que representativa. Por um lado, esse fato pode contribuir para o advento de um cristianismo mais *participativo e sinodal*, mas, por outro, lança novas questões, como o exercício da autoridade, o controle das inverdades na rede eclesial, a apresentação superficial ou mesmo errônea das verdades cristãs.

O cristianismo sempre se constituiu através de comunidades que viviam da Palavra e da caridade fraterna, acolhiam novos membros, difundiam a fé cristã e criavam redes de comunidades. À primeira vista, a possibilidade de *comunidades cristãs virtuais* deveria ser saudada muito positivamente, embora devam observar certas *condições* para ser consideradas como tais. De fato, elas devem possibilitar o encontro, o apoio mútuo, a partilha de experiências pessoais, a oração em comum, o aprofundamento da fé, um protagonismo maior do laicato.

Todavia, não podem se limitar à troca de informações ou de conversas que deixem de fora o *testemunho existencial*, a saber, como cada membro vive realmente sua fé, como enfrenta os desafios socioculturais, como comunica sua vida cristã a terceiros. Isso porque a comunidade cristã só é tal como comunidade de pessoas que realmente *creem*, de pessoas para as quais a fé orienta, anima, fortifica e traz sentido para a vida. Só assim se pode falar realmente de uma comunidade cristã.

O perigo das redes virtuais é que elas podem *selecionar* seus membros, admitindo apenas os que compartilham as mesmas convicções e sentimentos. Nesse caso, as comunidades cristãs poderiam se converter em fator de divisão e não de união.

Ainda temos outro sério desafio, pois o cristianismo sempre atribuiu o *carisma da direção* a determinado território, à imitação das autoridades do Império Romano. Contudo, os meios midiáticos ignoram os espaços e transcendem as autoridades locais. Como salvaguardar planos de pastoral, diocesanos ou regionais, questionados ou contraditos por tais meios de comunicação?

São desafios que certamente contribuirão para uma *nova configuração* do cristianismo, seja de cunho doutrinal, seja de cunho institucional. Apenas podemos mencioná-los, pois competirá às futuras gerações enfrentá-los e resolvê-los. Mas podemos já afirmar que o cristianismo de amanhã continuará a oferecer à sociedade pluralista, tensa e insegura em meio a tantos discursos, e até depressiva diante de tantos males, a sua maior riqueza: o *sentido da vida* revelado na pessoa de Jesus Cristo, ou seja, promover que todos tenham a vida que já antecipa nossa vida eterna.

EPÍLOGO
TRAÇOS MARCANTES
DE UM CRISTIANISMO
SINODAL FUTURO

Realmente não é nada fácil oferecer uma síntese final do que vimos nas páginas precedentes, pois o processo permanece em andamento e novos desafios continuam a nos surpreender. Sem falar que o atual cristianismo se apresenta já bastante diversificado, conforme as regiões do nosso planeta; fato que nos pede modéstia e senso crítico ao procurar esboçar uma figura mais concreta da futura comunidade cristã. Só nos resta recolher algumas características significativas mencionadas ao longo destas páginas, para delas fazer emergir uma possível e futura configuração do cristianismo. Elas virão elencadas sem intenção alguma de hierarquizá-las como mais ou menos importantes.

• O cristianismo futuro deverá ser apresentado a partir da *pessoa de Jesus Cristo*, de suas palavras e de suas ações, pois é a atração exercida por sua pessoa que estimula as novas gerações a segui-lo e a assumir pessoalmente sua missão. Seu projeto profundamente humanizante, em uma época de tanto egoísmo e desumanidade, significa muito para nossos contemporâneos. Um cristianismo de contato diário com os Evangelhos, de intimidade cotidiana com o Mestre de Nazaré, de compromisso com ele e menos com normas e mandamentos, significa recuperar o núcleo desse movimento iniciado com Jesus Cristo.

• O cristianismo futuro deverá fomentar a vivência real da fé que impregne toda a vida do cristão, não se limitando apenas a confissões de fé e à recepção de sacramentos. Certamente em um mundo perdido e perplexo diante da enxurrada de discursos dos mais diversos, qualquer gesto de autêntica caridade fraterna fala mais, irradia mais, evangeliza mais. Portanto, um cristianismo mais "sal da terra" pelo seu *testemunho de vida* do que por suas doutrinas, normas, celebrações, poder e prestígio social.

• O cristianismo futuro deverá ser um cristianismo *missionário*, na fidelidade a seu sentido e a sua finalidade; portanto, mais voltado para a sociedade e menos autorreferenciado. Ser cristão é estar comprometido com a missão de proclamar e realizar o Reino de Deus, prosseguindo na história a missão de Jesus Cristo. A salvação própria acontece exatamente no amor e no cuidado com o próximo.

• O cristianismo futuro irá recuperar a *diversidade de carismas* no interior da comunidade cristã; carismas esses a serem empregados tanto na construção da vida comunitária quanto na irradiação da fé cristã para os de fora. Naturalmente esse fato exigirá novo posicionamento do clero, que deverá oferecer formação e espaço de ação para o laicato, seja no interior da comunidade, seja no trato com a sociedade. Devido ao fator inércia, certamente será um processo demorado por quebrar estereótipos e hábitos do passado, presentes no clero e no laicato, mas que deverão desaparecer para permitir a realização do cristianismo sinodal.

• O cristianismo futuro deverá se expressar com uma *linguagem acessível*, direta, transparente, seja em seu ensinamento doutrinal, seja em suas celebrações sacramentais, ao contrário do que se passa em nossos dias. Deverá rever os textos doutrinais e litúrgicos para liberá-los seja de expressões arcaicas impenetráveis para o público de hoje, seja de concepções teológicas subjacentes, recusadas pela consciência eclesial hodierna.

• O cristianismo futuro deverá fomentar mais a *experiência religiosa*, a percepção da atividade do Espírito Santo em cada cristão, pois vivemos em uma sociedade pluralista e indiferente, saturada de discursos e de *fake news*. É a experiência pessoal de Deus em ação na pessoa que fundamenta sua fé, é o próprio Deus que a leva a Deus ao estimular existencialmente a sua opção. Saber introduzir as pessoas na vida mística inerente à fé cristã, praticar uma catequese mistagógica na qual o conhecimento vai junto com a experiência, é de fundamental importância para o cristianismo futuro.

• O cristianismo futuro deverá consistir em *comunidades menores*, nas quais as pessoas se conheçam, possam partilhar suas experiências, aprender umas com as outras, expor suas dificuldades, colaborar em obras comuns, ser acolhidas e ajudadas pela comunidade, rezar juntas, celebrar conscientemente a Eucaristia e se sentir realmente uma comunidade fraterna, sem que seja necessária a presença de um ministro ordenado.

• O cristianismo futuro deverá estar presente e colaborar em todos os setores da sociedade, para levar adiante o projeto de *humanização*, intrínseco à noção de Reino de Deus. Não haverá mais ações profanas na vida do cristão; são todas sagradas desde que realizadas por amor e solidariedade, a saber, estimuladas pelo Espírito Santo. Trata-se da grande missão de humanizar a sociedade, na qual todos são irmãos e irmãs, filhos e filhas do mesmo Deus Pai de todos.

• O cristianismo futuro passará tanto por mudanças amplas para poder realizar sua missão em vista do Reino de Deus, em uma sociedade transformada pela *cultura virtual*, quanto por mudanças nas expressões da mensagem e na própria instituição eclesial.

• O cristianismo futuro dependerá também da nossa colaboração neste momento histórico. Consequentemente devemos atualizar nossa fé, captar a ação do Espírito Santo em nossos dias, conhecer e apoiar o heroico esforço do Papa Francisco pela reforma eclesial. Afinal, todo cristão, como tal, está ativamente comprometido com o *projeto de Deus* para o mundo, no seguimento de Jesus Cristo.

Rua Dona Inácia Uchoa, 62
04110-020 – São Paulo – SP (Brasil)
Tel.: (11) 2125-3500
http://www.paulinas.com.br – editora@paulinas.com.br
Telemarketing e SAC: 0800-7010081